夢の臨床的ポテンシャル

心理療法にイメージがもたらす癒しと救い

老松克博［著］

誠信書房

はじめに――現し身の夢

夢と昏《くら》い意識

私たちは毎晩、夢を見ている。見ていないと思っていても、ただ忘れてしまっているだけで、かならず見ている。夢を見ているときには、閉じられている瞼の下で眼球がキョロキョロ動く（急速眼球運動，rapid eye movement, REM）ので、それとわかる。レム睡眠と呼ばれる相で、今では広く知られていると思う。そのような時間帯が一晩に何度かある。眼球が動きはじめたらそのつど一時的に覚醒させて夢を見られなくすると、精神状態に異常をきたすといわれる。

したがって、夢を見る睡眠は必須である。けれども、ただ健康のために不可欠というにとどまらない。夢は私たちが創造的で有意義な生を営むのに大きな助けとなる。夢の内容は荒唐無稽で支離滅裂、ナンセンスだとおおかた思われているが、誤解である。夢は知らない外国語のようなもの。夢の意味がわからないのは、睡眠中に夢を生み出す無意識の心が使う言葉を知らないからにすぎない。あとで詳しく述べるように、夢には重要なメッセージが含まれている。

夢において無意識の使う言葉は、イメージを介して伝わってくる。視覚的イメージ、聴覚的イメージなどが中心になった動画である。ただし、動画は動画でも、ふだん You Tube で見るようなものとはちがい、きわめて象徴性が高い。いくつかの意味が一つのイメージに凝縮されて複層的になっているため、意味を捉えにくいのは事実である。意識になじみのある論理は乏しく、ものごとを一つひとつはっきりと区別して語るよりは、似たようなものを集めてきて隠れているつながりを浮かび上がらせる。

無意識の使う言葉は、意識の使うそれとはずいぶんちがう。といっても、今でこそそうなのであって、かつては大きな乖離などなかった。無意識は原初の時代から存在しているが、意識、とりわけ私たちが有しているような清明な意識は、そうした無意識のなかからかなり最近になって現れてきたものである。無意識は太古の時代の言葉を今もそのまま使っている。一方、急速に開けて明るくなった意識のほうは、昔の言葉を忘れてしまったというわけである。

もっとも、夢は無意識だけでできているのではない。夢のなかにいる「私」（夢見手）は夢自我と呼ばれており、覚醒中の清明さはないにせよ、意識は備えている。だから、昼間の意識に似た考え方や感じ方の癖をもっている一方で、エネルギー水準が低いため、清明な意識状態であればしないような判断をしたり、行動をしたりもする。つまり、夢のなかの意識は、かなり昏《くら》く、プリミティヴな動きを見せる。夢の物語は、厳密には、そのような意識と無意識との合作である。

夢をおもに駆動しているのは、そうはいっても、やはり原初的、太古的な特性を有する無意識である。ならば、夢の内容は赤ん坊がバブバブ言っている喃語《なんご》のようなものかというと、かならずしもそうではない。私たちは、野生の獣のもつ驚異的な本能の力や、黎明の時代の人類が痕跡を残している不思議に高度な文化や文明の片鱗を思い出す必要がある。夢は、少なくとも、清明な意識による論理や分析からは導き出せない豊かな知恵や直観を含む。

さきほど、夢は意識と無意識との合作だと述べた。そこでの意識は多かれ少なかれ頼りない。一方、無意識は非常にエネルギッシュで活動的である。夢における昏い意識は、覚醒中の清明な意識に比べると格段に素朴で、あれこれごまかすこともあまりうまくない。それゆえ、夢自我は、その人個人の意識の特徴や傾向がいろいろな点で戯画化されたり誇張されたりした姿になっている。

夢の世界では、無意識が環境や状況やできごとを不断に提供する。それに対して、夢自我（意識）は何かを感じ、考え、判断して行動に移す。すると、無意識が反応を返す。意識はそれをふまえて、次の判断や行動に出る。夢では、そのような両者の関わり合いが無限につながっていく。それは一つの物語の体をなす。

夢のなかの意識はみずからの癖や傾向をまるだしにせざるをえない。そこのところに無意識が反応して切り込んでくる。このような継起を知っていれば、意識の側の考え方や価値観に潜んでいる偏りや盲点に向けて無意識が発した貴重なメッセージを探求できる。そして、そのような働きがあるがゆえに、夢は洋の東西を問わず、無数の人々にさまざまな恩恵を与えてきたのである。

心理療法の領域では、心身にまつわる問題への対処として夢が用いられている。その問題が何かしらの病気や障害であれ、生き方に関する迷いであれ、夢は最もすぐれた対処ツールの一つとなる。どこがすぐれているかというと、いたずらに目の前の直接的な困りごとだけに拘泥せず、背景にある本質的な原因や、家族、家系まで視野に入れていて、ときには文化や文明をも問題の理解と解消に不可欠の文脈として提示してくれるところである。

サイエンスかアートか

夢を重要なツールとして用いる心理療法の学派がいくつかある。なかでも、スイスの精神科医、カール・グスタフ・ユング（一八七五〜一九六一年）が創始したユング心理学（分析心理学）における夢分析の技術と理論は、高度に洗練されていて、宇宙的とさえいえるような壮大な体系をなす（図1）。私はスイスで学んだユング派分析家で、ユングの体系を日々の心理臨床の土台としている。ユング心理学における夢の使い方については、のちほど紹介しよう。

ユング心理学は、深層心理学と総称される分野に属している。ここでいう「深層」とは無意識のことで、深層心理学とは、無意識の存在を仮定して心の働きを考える学問である。ユング心理学は広い意味での科学、サイエンスだが、あくまでも経験科学であることをユングは強調している（Jung, 1940）。実験や統計で得られた平均的なエビデンスに立脚するより、ひとりひとりの個別性や一回性、あるいはむしろ例外性に目を向けるのである。そして、おのずから、アート（術）を重んずる。

図1　カール・グスタフ・ユング

昨今、公認心理師の養成もはじまって、心の臨床においてはますますサイエンスが重視されるようになっている。それ自体はけっこうなことである。しかし、だからといって、アートが軽んじられるのはいただけない。同じサイエンスでも、もっと懐が深ければよいのだが、現在の心のサイエンスは素朴な合理性のうえに成り立っていて、かなり狭量である。合理／非合理の壁を超えるような高次のそれには程遠い。そのため、心の大半を占める非合理的な側面は置き去りにされている。

私は、細々とではあるが、精神科医としての臨床も行なっている。精神医学もサイエンスなので、非合理的な無意識を扱うのが専門の私でも、診療のなかではエビデンスにもとづく認知行動療法的なアプローチを用いることがある。そのようなとき、意外とも思い、また当然とも思うのは、患者ないしクライエントが（はじめのうちはともかくとして）教科書通りには動いてくれないということである。経験ある臨床家なら、サイエンスが通用しないクライエントが一定数存在する事実を知っている。アートが必要な所以《ゆえん》である。

どのようなかたちのものにせよ、心の非合理的な側面を扱うアートにふれておくことは、およそ心の臨床家の倫理といってよい。多少ともアートについて知っていれば、アプローチの第一選択にはしないまでも、のちのちセラピーが暗礁に乗り上げた際に選択肢として思い出せる。場合によっては、その道の専門家に適切にリファーできるだろう。浅くてもよいから、アートの概略を理解しておくことは不可欠である。

ところが、近年、最も歴史あるアートにしてその代表格といえる「夢」の扱い方の基本さえ知らない臨床家が増えている。私はそこに強い危機感を覚える。なるほど、夢分析をかじろうと思えば、ふつうは深層心理学をみっちり学ぶ必要がある。サイエンス全盛の時代にあって、そこまではちょっと……と二の足を踏む人が多いのもわからないではない。しかし、放置しておいてよい状況でないことも確かである。

どうにかしてハードルを下げ、現代の若い臨床家にもアートのおもしろさや奥深さになじみをもってもらいたい。ならば、深層心理学の理屈の勉強などはそこそこに、たとえばほんの先頃まで当たり前だった懐かしい暮らしの感覚、いわば年中行事や歳時記のなかで過ごす感性を呼び起こしてみる、というのはどうだろう。唐突な感じがするかもしれないが、じつは、それだけでもそこそこ夢がわかる。自然体で近づいてもらうにはよいと思う。

本書では、学派や立場のちがいにこだわらず、かわりに、わが国の伝統的な民俗のなかにある心性を参照しながら夢療法に取り組むアートを提案したい。そして、その実際を説明するためのマテリアル（素材）として、ある事例の二〇以上にのぼる夢と現実の変容プロセスを示す。詳細な解説を行なうので、夢をすでによく利用している専門家であれ、あまり縁がなかった臨床家であれ、初心者からベテランまで分け隔てなく親しんでもらえるにちがいない。

永遠の約束

ところで、夢のメッセージが夢見手にもたらす衝撃の大きさには計り知れないものがある。ことは心の臨床だけにとどまらない。一つの夢がもとになって、科学的な大発見や大発明がなされることもあれば、斬新な芸術作品が創造されることもある。あるいは、宗教家が開悟して独自の宗派を創始したり、武術家が奥義に開眼して新しい流儀を打ち立てたりすることもあるだろう。遠い昔には、神仏からのお告げとして、国や民族の命運を左右する場合さえあった。

創造や発明、あるいは開悟や開眼は、闡明《せんめい》、つまりインスピレーションを介した救いの一種ともいえようか。このように、夢による癒しや救いがおよぶ範囲は相当に広い。そして、夢が重視されてきたこれらさまざまなフィールドは、いずれも人間の生の営みに密着したところばかりである。それらを通観してみると、ほぼ例外なく、ある種の生々しい現場性のようなものが感じられる。だから、すべて引っくるめて、「臨床」における夢の働きというふうに呼んでもよいかもしれない。

このように、夢と広義の臨床には切っても切れない縁がある。むろん、夢にまつわる盲信、迷信、狂信といった副作用を防ぐために、自我を可能なかぎり機能させることを怠ってはならない。そうした条件のもとでなら、夢は臨床において私たちに数々の恵みをもたらす。それらは、すでに少しずつ示唆してきたように、癒し・救い・闡明などのキーワードにまとめることができる。

　さて、本書では、以上の点をふまえて、夢がもたらす効用の本質を探求したいと考えている。臨床において広範に経験されてきた、癒し・救い・闡明。それらの背景にあって、そのリアリティに確固たる根拠を与えるとともに、人と世界の両方を変容せしめる超越的な力を発しているものは、はたして何なのか。詳しくはのちほど説明するが、私は、わが国の民俗などを根拠に、「約束の想起」ということを考えている。

　ここでいう「約束」は、文字通りの意味のほかに、そのような決まりになっている、そう決まっている、それが理《ことわり》である、といった意味も含んでいる。癒し・救い・闡明の源泉はどこかにすでに存在していて、それらが個人の内界と外界に験《しるし》を現すことは決定ずみである、ということ。験が現れるまでのあいだ、もう少しその人を磨くための試練があれこれ降りかかるかもしれないが、約束なのだから信じていればよい、ということである。

　いや、正確にいえば、信じるのとは若干ちがう。いたずらに信じるというのではなく、はっきり知っているということだ。なんとなれば、約束があったことによって思い出すからである。心理療法のプロセス、なかんずく夢分析のなかでは、超越的な諸力と交わしたかつての約束が不意に記憶に甦ってくることがある。あまりにも昔のことなのですっかり忘れているのだが、ひとたび思い出せば、その約束は瞬時に生気を取り戻す。

　遠い日の約束。いったい、どれくらい昔のことなのか。個人の記憶を遡っても、確かめるのは無理である。約束が交わされた日にたどり着くことはできない。それもそのはず、私たちがこの世に生まれ出てきたときよりもずっとずっと昔のことだったのだから。あえていうなら、人類の祖が現れたときからすでにあった約束である。それほどのものだから、思い出すのには少し骨が折れるかもしれない。

遠い昔のことなのに、生まれる前のことなのに、交わした約束をどこかで憶えていて、ふと思い出す……。はたしてそんなことがありうるのか。どうしてそんなことが可能なのか。まだ思い出していない人は、そう考えるだろう。しかし、ほんとうである。そこには、永遠の現在があるのだ。その約束は、干からびたり擦りきれたりすることなく、往時とまったくかわらない生命力と瑞々しさを保っている。しかも、すべての人の内奥にだいじに匿われている。本書では、そのことを示したい。

永遠の約束の記憶が甦れば、人は根底から変容する。癒し・救い・闡明はおのずからもたらされるだろう。ただし、この約束を思い出すのには、若干の助けが必要なことが多い。その点で、夢分析、ことにユング派の夢分析の考え方は、立場のいかんにかかわらずおおいに役に立つ。あとの章で説明するように、ユング心理学では、夢の背景に、個人の誕生以前の心の様相を、そして人類の心が有史以前からたどってきた道程をも透かし見るからである。

ついでながら本書では、そのような夢の扱いをめぐって、一つのオリジナルな技法も紹介する。一般的なユング派夢分析の変法なのだが、この技法を使うと、かの約束の想起が、従来のやり方に比べてずっと容易になる。最前も述べたが、のちほど実際の事例を提示して、個々の夢の意味をていねいに検討しながら、そのプロセスを探求することにしたい。

本書の構成

以上が本書の目的である。それを成就すべく、本書は構成されている。以下がその概要である。「概要」という性格上、抽象的でかえってわかりにくいかもしれないが、読者の便を考慮して俯瞰的に述べておく。

まず、第一章「夢による開眼」では、夢がもたらす知恵を示す。説話の世界では、そのような例は枚挙に暇がない。武術家は霊夢を見て、新たな流派を創始する。宗教家は夢に啓示を得て、独自の宗派を開く。近代以降になると、もはや説話の域を超えて、科学者が夢からのヒントで偉大な発見や発明をする。この章では、そうした説話や事実を紹介しながら、古代から近・現代までを貫く夢の闡明について考えたい。

第二章「参籠《さんろう》と夢待ち」では、夢告《むこく》を待って社寺に一定期間こもる参籠が、洋の東西を問わず、イニシエーション儀礼（なんらかの資格やあり方を獲得するための試練）の重要な側面を構成していたことにふれる。代表的な例として、古代ギリシアの都市エピダウロスのアバトンという治療施設での夢待ち、そしてわが国の多くの古典文学や芸能のなかに描写されている長谷寺や清水寺での夢待ちなどをあげ、夢がもつ癒しや救いの力について検討する。

第三章「ユング派の夢分析」では、かつては神仏への通い路だった夢が、現代のユング心理学において深層とのコミュニケーション・ツールになっていることを論じる。深い無意識のなかには、時代や場所を問わず万人に共通の心的内容を含む層がある。この心的内容は元型と呼ばれるが、時空に縛られず、矛盾を超越したものであるため、意識（自我）にとっては思いもよらない秘密の知恵の源泉となる。ユング派の夢分析は、癒し・救い・闡明を無意識から引き出す。

第四章「夢の展開（一）」から第七章「夢の展開（四）」においては、あるアナリザンド（夢分析を受けている人）が先述したユング派夢分析の変法によって数カ月のあいだに見た一連の夢を提示する。そして、一つひとつの夢の意味とそこに含まれているメッセージを、わが国の民俗の様相を手がかりとして解明しながら、アナリザンドの心の成長と変容のプロセスの進展のなかに癒し・救い・闡明への道がどのように姿を現したのか、精緻に探求する。

第八章「永遠の約束」では、第四章から第七章までの夢の探求をふまえて、くだんのアナリザンドに癒し・救い・闡明をもたらした夢の働きの決定的な秘密を明らかにする。その「決定的な秘密」こそ、いつのものとも知れぬ約束の確かな想起――夢見手としては今はじめてその存在に気づいたにもかかわらず、ずっと前から知っていたようにも感じられる、どこか懐かしい約束の想起――というパラドックスの力である。

第九章「夢うつつ法」では、本書で提示した事例に用いている「ユング派夢分析の変法」についてふれておく。古代ギリシアの錬金術師パノポリスのゾシモスの夢見の術に由来する著者のオリジナルな変法で、夢うつつ法という。深層に蔵されている知恵を引き出すのに適した技法である。本来なら、事例を提示する前に紹介しておきたいところだが、本書の目的が不明瞭になるのを避けるため、あとで説明することにした。

最後の「おわりに」では、元型的な約束とその想起をめぐって展開する心の成長と変容（ユング派ではこれを個性化と呼ぶ）のプロセスをいっそう確実なものにするためのいくつかのコツを付け加え、全体の締め括りとする。心の深層にたいせつにしまわれていて、かつて一度も意識されたことのなかった約束。その約束と想起は、元型の超個人性と超時空間性に支えられている。

本書の構成は以上のようになる。私たちの誰もがそもそものはじめからもって生まれてくる、癒し・救い・闡明の可能性。それは、この貴重な宝物の存在を意識化し、自我の賢しらを超えたその働きに全幅の信頼を寄せるところから開けてくる。夢分析を通してのアプローチがそのための王道であり、いちばんの近道でもあることを明らかにできれば、と思う。

目次

夢の臨床的ポテンシャル

——心理療法にイメージがもたらす癒しと救い

第一章　夢による開眼

遠くて近いところ

私たちが眠っているあいだに見る夢は、ときに奇跡を起こす。奇跡とは、たとえば、癒し・救い・闡明《せんめい》である。人は、夢を見ただけで癒され、救われ、闡明を得ることがあるのだ。ただし、そのような夢を見るに先立って、現実における並たいていでない苦労や葛藤、あるいは試行錯誤の繰り返しを要求されることが多い。私たちは、その艱難《かんなん》辛苦を考えただけで少なからず及び腰になるし、はじめからなかばあきらめてしまう。

たしかに、奇跡の地は遠い。実際の遠さもあるし、錯覚による遠さもある。そもそも、ほとんどの夢は先取り的、予感的なものである。つまり、夢で見聞した内容は、まだ実際の体験にはなっていない。それを現実のものにするには、その後の夢見手の地道で継続的な努力が求められる。それまでにたどって来た道をたゆむことなく進んでいくならば、いつか目的地に到達できるかもしれない。夢はその可能性を知らせている。

このような夢の働きは、望遠鏡に譬えられる（Jung, 1997）。望遠鏡を覗けば、はるか彼方の目的地が、あたかもすぐ手の届くところにあるかのように見えるだろう。実際には、現在地からその目的地までのあいだを数多《あまた》の高い山や深い谷が隔てている。それくらい、予感と現実はちがう。けれども、今までの苦労や努力がいかなる結果として報われうるかが示されるだけでも、五里霧中だった当事者にしてみれば安堵は深い。

そのとき、いくばくか先取り的な癒し・救い・闡明が体験されることになる。たいへんなのはむしろそのあとなのだが、完成予想図を具体的に思い浮かべられるようになれば大きな励みになるし、それまでとは質の異なる確信をもって営みを続けることができるはずである。そこで、どうすればその望遠鏡が手に入るのか、手に入るとしたらどれくらいの倍率のものなのか、といった点が問題となってくる。

本書では、倍率の高い望遠鏡を早い段階で手に入れる方法を使うことになる。「夢うつつ法」という方法である（老松、二〇一八）。ただし、その具体的な内容の説明を今はじめると長くなるので、それは後回しにしよう。ここではまず、ある人が夢うつつ法によって見た夢を一つ紹介してみる。夢見手のUさんは中年の男性で、若干の神経症傾向と家族関係に関する問題を抱えている。以下がUさんの夢である（「……」は省略部分を示す）。

夢　数人で小規模な合宿か旅行に来ている。……スケジュールの合間に、友人とふたり、小高い山の道なき道を歩く。表面は草や木で覆われているが、岩山で雨あがりのため、とても歩きにくい。目的地は、峠の向こうにあるという小さな聖地。そこには、珍しい魚や両生類がいて、古くからの礼拝対象があると聞いている。苔が濡れていて足を滑らせ、あちこちにできている即席の小川にはまりながら、苦労して進んでいくと、岩の狭い隙間に挟まって建っている小さな小屋のようなものがあった。寺だろうか。そこが目的地らしい。訪れると、恰幅のよい布袋さんのような初老の和尚がいて、機嫌よく迎えてくれる。そして、まだ頼んでもいないのに、その地の由来を聞かせてくれたり、小さな滝のような渓流を前に、崇拝対象（石仏のようなもの）や稀少な生き物のことを細かく説明したりしてくれる。陽気で豪快な和尚である。何日かして、私と友人（はじめのとは別）は、用事で合宿所から電車で別の町に行かないといけなくなった。……なんとか間に合うかもと思ったが、寸前で電車は行ってしまう。見ると、電車の走っていったレールの下に鉄骨などはなく、宙に浮いている。眼下には、岩ごつごつの渓流がある。仕方がないので、その浮いている二本のレールの上を歩いていく。すると、ほどなく、ほんとうにすぐ近くに、あの聖地があった。陽気な和尚の説明の声が大きな岩の向こう側から聞こえてくるので、それとわかる。……たどり着いて、説明の声をあらためて聞きつつ（岩の向こうで姿は見えない）、小さな滝のような渓流の狭小な岩場でけっこう水に濡れながら生き物の観察などをする。……こんなに近かったのかと驚く。

この夢についてはまたのちほど詳しく扱う予定なので、今は細かい意味にこだわらず、全体の雰囲気と展開の妙を味わってほしい。どうだろうか。歩むべき道の目的地は、意外にも近い。けれども、これは高性能の望遠鏡のごとき夢である。目的地は遠くて近く、近くて遠い。何より重要なのは、夢見手に対して、その目的地がけっして隠されてはいないことである。それははじめからすっかり示されている。明らかにされている。そのことに気づいたとき、Uさんは大きな救いを感じたという。

Uさんはこの夢について、次のような感想を述べている。「和尚のお寺にはじめて行き着いたときには、苦労もしたが、いろいろな偶然にも助けられていて、運に恵まれたなという感覚が強かった。けれど、二回目には、ただの幸運で来ることのできる場所ではないことに気づいた。そういう約束になっていたというか……。聞き憶えのある和尚の声に、そう確信した。この声を最初に聞いたのは数日前などではない。ずっと前に聞いたことがあって、ああ、もともと知っていると思った」。

Uさんの「約束」という言葉が印象的である。はじめて見たり聞いたりしたはずのものなのに、なぜか昔から知っている気がする……。夢ではときに経験されることのあるシチュエーションである。人はその瞬間、今まですっかり忘れていた約束があったことを思い出す。そして、じつは、約束の相手からずっと見守られていたことに気がつく。そのような夢は、たいてい、癒し・救い・闡明をともなう。そして、歩んできた道はまちがっていなかった、と教えてくれる。

夢と深層心理学

本書では、心の深層から夢を通して湧き上がってくるイメージによる癒し・救い・闡明の体験に焦点を当てる。そして、そのような奇跡的な体験が、けっして能力に恵まれた一部の人のみのものではなく、誰にでも開かれていることを示したい。くわえて、最前も述べたように、それを経験するのに役立つ方法も紹介したい。悩みや苦しみを抱えている人たちにとって本書がわずかながらでも福音となればさいわいである。

のちほど、約束の想起にまつわる実際の夢分析の事例を詳細に見ていくが、それに先立ってあれこれ押さえておきたいことがある。いきなり実例にふれても、夢の扱いになじみのない読者は混乱するばかりだろうからである。つまり、事例の夢のどこに普遍性があってどこは特殊なのか、どこに力があってどこは怪しいのか、ある程度は感じられるようであってほしい。だから、本書の前半は、急がば回れで、夢の奇跡の歴史や扱い方を説明しておこうと思う。

まずは、少しばかり、名人伝や名僧伝を見てみたい。夢による奇跡が「誰にでも開かれている」と述べた舌の根も乾かぬうちにこんなことを言うのもなんだが、その種のエピソードが圧倒的にたくさん見つかるのは、やはり名人伝や名僧伝なのである。文字通り、枚挙に暇がない。参考になる好例が山ほどあるのに、知らん顔で素通りしてしまうのはどうかと思う。

名人伝や名僧伝は、夢による啓示がどのような状況でいかなるプロセスを経て得られるのか、アウトラインにとどまることが多いとはいえ、惜しみなく教えてくれる。むろん、私たちには、名人や名僧による練達の言動を真似ることなどできないし、できたところでどうなるものでもないのだが、現代人には夢分析という頼れるツールがあるので、エッセンスを活かすことができる。

多くの人は、夢のことを、ただただご都合主義の願望充足的なものにすぎないと誤解している。夢の肯定的な力など、考えてみたこともないかもしれない。夢分析をしたとしても、人の心の醜さをあぶり出すだけだと思い込んでいるかもしれない。ほかならぬ深層心理学の世界でも、じつは、そのような議論があった。夢は真実を隠すものか、それとも開示するものか、という議論である。

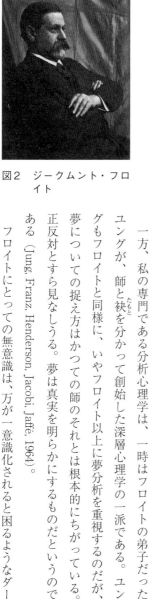

精神分析学の創始者、ジークムント・フロイト（一八五六〜一九三九年）は、夢では無意識的な願望充足がなされているとした（図2）。危険な欲望が、防衛機制と総称される種々の方法で巧みに変形と歪曲を施され、本人も気づかないうちに安全なかたちで充足がなされるというわけである。要するに、夢は真実を隠す。私たちはそのおかげで心理的な健康を保つことができる、とフロイトは言う（Freud, 1900）。

図2　ジークムント・フロイト

一方、私の専門である分析心理学は、一時はフロイトの弟子だったユングが、師と袂《たもと》を分かって創始した深層心理学の一派である。ユングもフロイトと同様に、いやフロイト以上に夢分析を重視するのだが、夢についての捉え方はかつての師のそれとは根本的にちがっている。正反対とすら見なしうる。夢は真実を明らかにするものだというのである（Jung, Franz, Henderson, Jacobi, Jaffé, 1964）。

フロイトにとっての無意識は、万が一意識化されると困るようなダークな欲望が渦巻く領域である。それは個人の生育史のなかで形成されてくるので、個人的無意識と呼ばれる。当然、人それぞれで内容が異なる。それに対して、ユングの見出した、心のより深い層にある無意識は、破壊的な側面もありはするものの、神話的なイメージで彩られた超越的な知恵のあふれる広大な宇宙《コスモス》だった。

それは、人間なら誰もが共通にもって生まれてくる、非個人的、超個人的な内容で満ちているため、集合的無意識と呼ばれる（Jung, 1912/1952）。ユングの立場から見れば、無意識に、それもおもに集合的無意識に由来する夢は、変形されたり歪曲されたりしてはいない。意識よりも発生的にずっと古い無意識は、新参者である意識にとってなじみの薄い太古の言葉で語っているだけである。

そういう言葉の遣い手である夢ならば、意識のまったく知らないことを教えてくれたとしても不思議はない。実際、人類がかつて一度も意識化したことのない啓示さえもたらすのだ。たとえば、近代化学に画期をもたらしたベンゼン環の構造の発見は、ひとりの学者が奇妙な蛇の夢をみたことからなされた（本章の最後であらためてふれる）。夢は真実を明らかにするのである。

ユング派の夢分析は、夢がもたらす深い知恵を頼りにして、無数の悩める人々を助けてきた。臨床の領域においては、病気や障害による避け難い苦悩が、名人や名僧の修した荒行に相当する役割をはたすことがある。往時の名人や名僧が厳しい求道のはてについに到達した深甚な境位とその霊夢をユング心理学によっていくばくか解明することは、それこそ夢ではない。夢分析において培われてきた高度で繊細な技術、革新的な世界観と人間観は、人が存在の根底から変容するのに必要な条件を探求する助けとなるだろう。

ともあれ、ユング心理学と夢分析については、いったん置いておこう。まずは、名人伝と名僧伝である。一口に名人伝といっても、その裾野は広い。どの分野にも名人がいる。いずれもおもしろいと思うのだが、ここでは武術家を取り上げてみたい。理由はいくつかある。まず、武術には本来、一瞬の判断と行動が生死を分けるという絶対の前提があり、それゆえに求道的な色合いを強く帯びていること。この特徴をふまえて見ていくならば、武術の名人伝は、夢による闡明の秘密を探求するという本書の目的にふさわしい。

武術家の夢

武術家を取り上げるのには、さらにもう一つ重要な理由がある。それは、いにしえより継承されてきた武術の諸流派のなかに、流祖が霊夢を見て開眼し奥義に達した、あるいはみずからの新たな流儀を創始した、という伝承が見られることである。いや、「伝承が見られる」どころではない。流祖の得た夢告からはじまったと伝える流派はかなりの数にのぼる。

かつては夢が神仏から送られてくると考えられていたことからすると、流祖の霊夢という伝承は、夢にかこつけて自流の由来に箔をつけようという後世の者の付会によるものかもしれない。しかし、第二章でも詳しく紹介するように、かような超越的な知恵を求めて神社仏閣に参籠し、満願の夜に夢告を得ようとすることは、昔なら多くの迷える人々によって実際になされていた行為であり、そのなかに武術諸流派の流祖がいたとしてもおかしくはないのである。

流祖が夢の啓示を受けて開いたと伝える武術の流派は、すぐに思い浮かぶだけでも十指に余る。塚原卜伝高幹《つかはらぼくでんたかもと》の新当流、竹内中務大夫久盛《たけのうちなかつかさたいふひさもり》の竹内流、片山伯耆守久安《かたやまほうきのかみひさやす》の伯耆流、浅山内蔵助一伝《あさやまくらのすけいちでん》（一伝斎）の浅山一伝流、夢《む》想権之助勝吉《そうごんのすけかつよし》の神道夢想流、十瀬与三左衛門長宗《そせよぞうざえもんながむね》の天眞正自顕《てんしんしょうじけん》流、宝蔵院覚禅房胤栄《ほうぞういんかくぜんぼういんえい》の宝蔵院流、松林左馬助《まつばやしさまのすけ》永吉《ながよし》の願立《がんりゅう》、等々。剣術、居合術、槍術、棒術、柔術……武器術であると体術であるとを問わない。得物《えもの》（武器）の種類も選ばないことはいうまでもない。

このように、武術家と夢の結びつきは深い。流祖たちの見た霊夢は、神社仏閣に祈願参籠して得たものがほとんどなのだから、武術家と夢の結びつきは、つまるところ、武術家と神仏の結びつきを反映していると考えてもよい。夢は武術家と神仏のあいだをつないでいた。では、流祖たちの見た夢とは、どのようなものだっただろうか。

たとえば、竹内流の竹内久盛である（綿谷、二〇一一、二〇一四）。竹内流は、柔・拳などの体術から棒・杖・居合・薙刀などの武器術まで広範に含む総合武術で、戦国時代の終盤に成立した。とりわけ、「小具足《こぐそく》」という武技で知られており、その後の体術諸流派にきわめて大きな影響を与えたとされている。小具足とは、平時に不意に襲ってきた敵に対処する格闘術で、「腰の廻り」、「捕縛」などともいう。

久盛は作州《さくしゅう》（岡山県）久米郡垪和《はが》（波賀）村の人で（現在も竹内流の宗家は岡山県にある）、伝承によると、幼少の頃から勇ましく、剣を好んだという。享禄五年（一五三二年）六月、阿太古《あたご》（愛宕）の神を信じて、西垪和の三の宮に参籠し、日に三浴、二尺四寸の木刀で修行を重ねた。六日目の夜、疲れはてて木刀を枕に眠っている久盛の夢に、白髪の山伏が現れた。

山伏は木刀を二つに切って小刀とし、小具足なる術を教えた。さらに、長さ七尺五寸の縄で敵を捕縛する早縄という術を伝授して去った。久盛はその後もたびたびこの山伏から教えを受け、あわせて五種の武技を授けられた。本来、小具足とは甲冑の一部、つまり甲手や脛当などのことで、この技があれば小具足をまとっているに等しい、との謂いである。久盛はこの山伏のことを阿太古の神と確信し、ますます信心したという。

もう一例あげよう。神道夢想流の流祖、夢想権之助である（米野・松井、二〇一一）。権之助の素性や生没年ははっきりしないが、常陸国《ひたちのくに》（茨城県）の桜井大隅守吉勝《さくらいおおすみのかみよしかつ》から天眞正傳香取《てんしんしょうでんかとり》神道流を学んで奥義を極めたとされ、その道統七代にあたる。ちなみに「天眞正」とは、河童に姿を変えて顕現した香取大神、ないしは鹿島・香取両神のことだという（この二神は武術の淵源とされている）。権之助はさらに、鹿島神流の極意「一つの太刀」も授かっている。

慶長年間（一五九六～一六一五年）、権之助は、江戸で多くの剣豪と勝負し、無敗を誇っていた。しかし、宮本武蔵の二刀流の前についに不覚をとった。以後、権之助は、あらためて修行に打ち込むこととなる。筑前国《ちくぜんのくに》（福岡県）の修験の霊場、宝満山《ほうまんざん》で、宝満菩薩に祈願参籠したところ、満願の夜、夢に童子が現れて、「丸木をもって水月を知れ」との神託を与えた。

権之助はこの神託にヒントを得て、長さ四尺二寸一分、径八分の杖《じょう》（白樫の棒）を遣う武技に開眼し、工夫を重ねて神道夢想流を興した。武蔵への再挑戦では、その十字留を破ったと伝えられている。筑前黒田藩に召し抱えられた権之助は、後年、肥後国《ひごのくに》（熊本県）の霊巌洞《れいがんどう》（図３）で『五輪書《ごりんのしょ》』をしたためていた晩年の武蔵を訪ね、親しく語らったという。

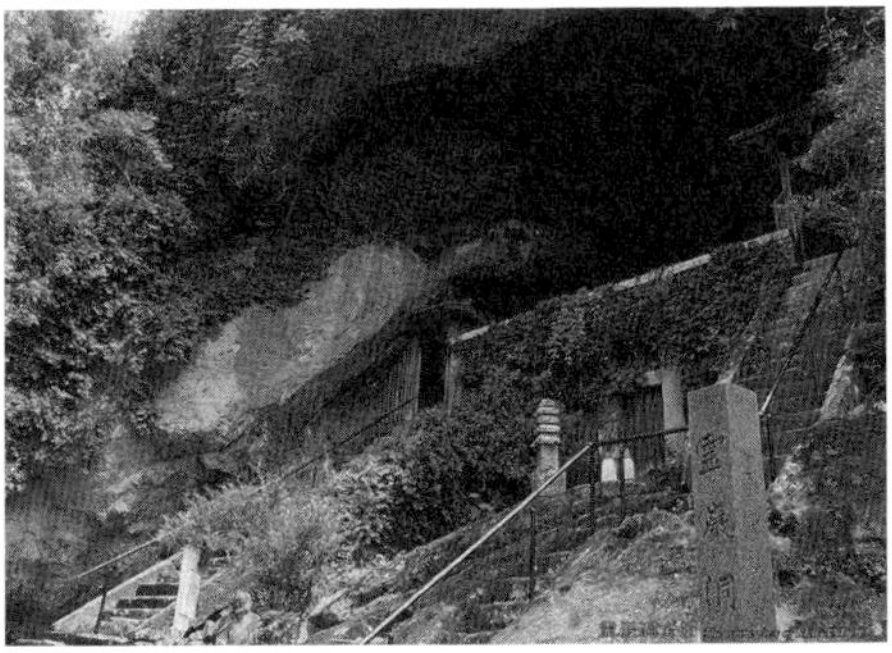
図３　霊巌洞

権之助の流儀は、江戸時代を通じて、黒田藩の門外不出の御留武術とされていた。敵を殺すことなく制する杖術《じょうじゅつ》は、捕手《とりて》術（凶器を振り回す犯罪者を制圧する逮捕術）に向いていたのである。杖術は、昭和の世になってから、杖道という現代武道に発展し、全国規模での普及を見ている。警察や機動隊の警杖とその用法は、この杖と杖術を現代の捕手術として取り入れたものである。

図４　熊野本宮大社証誠殿

図５　一遍と熊野権現（遊行寺蔵『一遍聖絵』より）
智真が僧に化身した熊野権現に出会う場面

宗教家の夢

　続いて、名僧伝である。奥深い夢を見て宗教的境地を深めたことで知られる名僧も多いので、夢がいかにして癒しや救いをもたらすか、私たちにとくと教えてくれるにちがいない。ここでは、時宗の開祖である一遍が熊野本宮大社の証誠殿《しょうじょうでん》（図４）で見た夢を取り上げよう。彼の夢は、夢見手を迷いから解き放って根底から変容させるとともに、隆盛を極めた鎌倉新仏教の一派の堅固な基盤となった（大橋、一九八五、遊行寺宝物館・五味、二〇一九）。

　一遍は、延応元年（一二三九年）、伊予国（愛媛県）の没落した豪族の家に生まれた。一〇歳で出家したが、二五歳のとき、家督を継ぐためにいったん還俗。しかし、周囲の者の強欲に嫌気がさし、三三歳で再び出家し、浄土宗の念仏聖《ひじり》となった。融通《ゆうずう》念仏を広めるため、「南無阿弥陀仏　決定往生六十万人」と記した念仏札を配って諸国をめぐった。阿弥陀を信じる多数の人々が念仏を唱え合うことで、その力が相即融合し、みなが救われる、という良忍《りょうにん》上人の教えにもとづく布教活動である。

　文永一一年（一二七四年）、遊行《ゆぎょう》の旅に出た一遍は四天王寺から高野山を経て熊野本宮大社へと向かっていた。熊野本宮は神仏習合のなかで阿弥陀の浄土と見なされており、念仏聖の聖地だったからである。途上、行き会ったひとりの僧に智真（のちの一遍）は、「一念の信心を起こして南無阿弥陀仏と唱え、この札を受け取りなされ」と勧めた（図5）。それまで、このように勧めて断った者はいなかった。

ところが、その僧（じつは熊野権現）は、一念の信心が起きないので念仏札は受け取れないと言う。智真はなおも、信心を起こして札を受け取るよう迫ったが、僧は、教えは疑っていないが信心が起きないの一点張り。道行く人々が集まってきたこともあって困惑した智真は、とうとう「信心がなくてもよいから」と言って僧に念仏札を押しつけた。結果的に、まわりの人々もみな札を受け取ってくれたので、智真はとりあえず窮地を脱することはできた。

智真にとって、このできごとの衝撃は大きかった。考えてみれば、僧の言うことはもっともで、正しい布教の方法がわからなくなってしまったのである。そこで、智真は熊野本宮大社の証誠殿の前で祈願し、答えを求めた。すると、いまだまどろまぬ間に、扉を押し開いて、長頭巾をかけた白髪の山伏が姿を現した。その神人を三〇〇人ほどの山伏たちが拝んでいる。

智真がその山伏を熊野権現だと気づいて拝んでいると、山伏が近寄ってきて、次のように諭した。重要なところなので、『一遍聖絵』（『一遍上人絵伝』）の第三巻第一段から原文を引用しておこう。「融通念仏すゝむる聖、いかに念仏をばあしくすゝめらるゝぞ、御坊《ごぼう》のすゝめによりて一切衆生《いっさいしゅじょう》はじめて往生すべきにあらず、阿弥陀仏の十劫正覚《じっこうしょうがく》に、一切衆生の往生は南無阿弥陀仏と決定するところなり。信不信をえらばず、浄不浄をきらはず、その札をくばるべし」。

現代語にすれば、こういう感じだろうか。「融通念仏を勧める聖よ、なぜよくない念仏の勧め方をするのか。一切衆生はあなたの勧めによって往生するわけではない。阿弥陀如来が遠い昔に悟りを開かれたとき、その本願によって一切衆生の往生はすでに決まっているのだ。信・不信を選ばず、浄・不浄を嫌わず、念仏札を配りなさい」。目を開いてみると、童子が一〇〇人ばかり来て、札がほしいと言い、念仏を唱えていずこへともなく去っていった。

阿弥陀の本願（念仏往生の願）とは、この如来がまだ修行中の菩薩だった頃に立てた誓願の一つで、「阿弥陀を信じて念仏を唱える人たちがみな救われて往生できるようにならないうちは、自分は如来にならない」というものである。しかし、今では、阿弥陀如来がすでに存在している。したがって、その本願はもう成就したはず。言い換えれば、すべての人々が救われることは決定ずみである。

智真はこの霊夢によっていっさいの迷いを脱して悟りを開き、名を一遍と改めた。これを一遍成道《じょうどう》という。一遍は「わが法門は熊野権現夢想の口伝なり」と述べている。生まれ変わった一遍は、その後、念仏を唱えながら激しく踊り忘我の境地に至って阿弥陀と一体化する、いわゆる踊り念仏をも編み出し、彼の教えは熱狂的に受け入れられていった。ともに踊り歩く群衆が絶えなかったという。

一遍は北から南まで全国津々浦々をめぐり続け、正応二年（一二八九年）に摂津国（兵庫県）で亡くなるまで自坊も教団ももたず遊行した。死の直前には、所持していた経典をすべて焼き捨て、「一代の聖教皆尽《つき》て南無阿弥陀仏になりはてぬ」と述懐している。五一年の生涯だった。一遍の後継者たちは、熊野本宮での霊夢の体験を重視し、遊行のなかで熊野信仰を熱心に広めてまわった。

未生以前からの約束

一遍の場合、「約束」という言葉こそ出てこないが、そう呼んでも差し支えなさそうな状況が霊夢において語られていた。往生はもう決定されたことだというのである。本来は、この現世こそが極楽であり浄土であって、救済の約束がすでに実現されていることを悟れたらよいのだろうが、私たち凡夫としては、そのうちかならずはたされる約束があるという保証を得た感覚のほうに大きなリアリティがある。

ここで描き出されていることは、信仰という次元を超えている。阿弥陀を信じるかどうかなど、もはや問題ではない。なぜなら、一遍はいわば、約束があることを思い出したからである。阿弥陀の本願とその成就のことをもともと知らなかったはずはない。この霊夢がはたした役割は、一遍にかの約束をしかと思い出させたことにある。約束の想起は一遍にとっての成道、つまり開悟にほかならず、時宗という新宗旨の誕生の瞬間となった。

それにしても、いったいいつの約束なのだろう。熊野権現は「十劫正覚に」と語っている。「劫《こう》」とは、上下四方四〇里の岩を、天女が三年に一回、羽衣で撫でるうちに、その岩が磨り減ってなくなってしまうまでの、途方もなく長い時間を意味する。とにかくその約束は、人間の時間の感覚をまったく寄せつけないほどの遠い昔になされたものである。むしろ、有限な時間など超越した、永遠の約束と表現するほうがしっくりくる。

私たちがこの世に生を享けたときどころか、この世がかたちを成したときよりもずっと前になされた約束。私たちは、意識も存在もなかった頃の約束を、どういうわけか憶えているらしい。たとえすっかり忘れていても、何かのはずみで不意に思い出す。すると、約束は確固たる現実として甦り、疑いが入る余地などこれっぽっちもない。その成就まで含めて、いわば既成事実化するのである。

憶えているはずのない約束を思い出す、というありえない奇跡。未来の救済が遠い過去にすでに実現している、というおおいなる矛盾。あちらを立てればこちらが立たずで二進《にっち》も三進《さっち》もいかなくなっている私たちの葛藤や苦悩を解消しうる道がもしもあるとしたら、このような絶対的不可能性に彩られたパラドックスによるほかはあるまい。そして、実際、どれほど深い苦しみも解消されるのだ。

ところで、宗教家のこのような夢から、武術家たちの夢を逆照射してみたい。身体や得物の遣い方がテーマになっている竹内久盛と夢想権之助の夢を、救済に関わる一遍の夢の体験にも照らして考えておきたいのである。ふたりの流祖のエピソードをただ漫然と読んだり聞いたりしていると、神仏から夢のなかで秘術を授かったことを伝えているだけのように思ってしまうが、ほんとうにそこにとどまるものなのだろうか。武術にとって神伝という事態がもっている意味の本質は何なのだろうか。

注目すべきは、愛宕神や宝満菩薩からの神伝ないし神示が、それぞれの流祖を介して、独立した一つの流派として確立され、その後、現在に至るまで道統が続いているという事実である。腕に覚えのある武術家がみずからの流儀を創始し伝えただけのことではないか、といわれるかもしれない。けれども、神示が背景にあるかどうかで、代々伝わっていくものに多少ともちがいが出てこないだろうか。

一遍は、みずからの死期を悟って、「一代の聖教皆尽て南無阿弥陀仏となりはてぬ」と述懐した。この言葉はとても印象的である。特定の人間が築き積み上げたものは、ある意味で一代かぎり。ひとりの人間の生のスパンよりも長い時間、移ろうことなくとどまり続けるのは難しいのだろう。一遍という稀有な存在の亡きあとも変わらないのは、もともと時を超えている「南無阿弥陀仏」だけである。

ある人が創始して後世にそのまま伝わっていくものがあるとしたら、創始者の内なる神仏の働きで深奥から浮かび上がってきた何かが含まれているからだろう。時代の変化や個人の嗜好によって付け加えられた部分は、いうなれば飾りにすぎない。移ろうことのない本質でなければ、長く伝えようにも伝わらないはずである。その意味で、武術の諸流派が伝えているものも、宗教のそれと同様、不易の教えにほかならない。ほんとうに世代から世代へと受け継がれうるのは、永遠性の備わった術技や精神に限られる。

武術家も、霊夢において、忘れていた遠い昔の約束のようなものを思い出していたのではあるまいか。夢想権之助は、「丸木をもって水月を知れ」という夢告を得て、独自の杖術を編み出した。その体系には、たったこれっぽっちの言葉から生まれたとは考えにくい広がりと奥行きがあるのだが、伝承はそう語っている。権之助はこの神託の意味するところを、考えたというよりは思い出したにちがいない。

伝説だから理屈に合わないのだ、と一笑に付すことはたやすい。しかし、それゆえにこそ、一遍のエピソードをふまえて考えてみることがたいせつだと思う。かつてまったく経験してもいないことを突然に思い出す、という摩訶不思議なパラドックス。パラドックスとは、理屈に合わないからこそパラドックスである。ふつうなら超えられない矛盾や対立が、そこでは超えられている。それが人に闡明をもたらすことになる。

近代・現代の霊夢

夢はしばしば武術家や宗教家を開眼させ、たくさんの流派や宗派を生み出してきた。そうした伝承が史実でない可能性はもちろんある。後世の弟子たちによる仮託、あるいは評伝をまとめた者による装飾かもしれない。また、夢に登場する神仏のご利益を布教する目的で創作される場合もあったろう。しかし、そうはいっても、同様の現象が今でも起きる。相手を神や仏と呼ぶかどうかはともかく、けっして迷信や妄信の類ばかりではない。

夢による癒し・救い・闡明は、信じていようが信じていまいが実際に起きる。本章冒頭に提示した事例も含めて、臨床の場でもそのことは確認できる。その点は第四章以降で詳《つまび》らかにする予定だが、心の臨床家なら、自我や意識には思いもつかない知恵や閃きが今もなお夢によってもたらされていることをたいてい知っている。夢はたしかに超越的な領域からやってくる。

近代・現代の夢告の例として、ユングが引用している興味深い話を紹介しよう（Jung, 1997）。なお、ここで

「ヴィジョン」と呼ばれているのは、意識化された啓示的イメージ体験のことで、夢と源を同じくする。そのエピソードは、デンマークの探検家、クヌート・ラスムッセン（一八七九～一九三三年）の著書からの一節で、グリーンランド北部のイヌイット（エスキモー）にまつわる実話である。

あるとき、その部族の呪医《じゅい》（霊的なヒーラー）が非常に印象的なヴィジョンを見た。それは海の彼方に「幸福の土地」があると告げていた。このヴィジョンの背景には、部族が今いるところにとどまり続ければ、遠からず飢餓に苦しむようになるかもしれない、という危機感があったようである。しかしながら、呪医はその「幸福の土地」に行ったこともなければ聞いたこともなく、海を渡れるかどうかもまったく見当がつかなかった。それでも、呪医はみずからのヴィジョンを信じ、部族の者たちを説得して、厳冬期にみなで住み慣れた土地を出発した。氷上を横断して海を渡ろうというのである。長く苦しい旅がはじまった。途上、呪医の言葉を疑う者が出はじめた。そのような者たちは引き返すことを選んだ。そして、餓えて死んだ。一方、呪医はといえば、ヴィジョンを最後まで信じた者たちを導き、無事に北アメリカ大陸にたどり着いたのだった。

呪医やシャーマン（呪術師）は、部族全体の命運に関わる夢を見る。それを「大きい夢」という。一般の者が見る、個人的なあれこれにまつわる夢、つまり「小さい夢」と対比させた呼称である。みなで分かち合える獲物はどこにいるか、どんな災いがいつ降りかかるか、どこでどうしていたら安全か。呪医やシャーマンは、思考と分析に頼らず、夢やヴィジョンなど、霊的な直観で部族を導くのが常である。それは神々からの霊示なのだった。

このように述べると、今の時代に夢告や霊夢を見るのは、発展途上の文明のもとで暮らす人々ばかりであるかのような誤解を招くかもしれない。しかし、事実は異なる。夢によって難題を解いたり画期的な大発見をしたりした近代の科学者が少なからずいることは、広く知られていると思う。自我や意識の力ではどうしても探し出せなかった解を夢によって与えられたのである。

まっさきに思い浮かぶ有名な例は、少し前にもふれたが、化学者アウグスト・ケクレ（一八二九〜一八九六年）が一八五四年に見た夢によりベンゼン環の構造を見出したことである（Biggs, Lloyd, Wilson, 1976）。炭素原子の結合の様相がわからず悩んでいたケクレは、たまたま馬車で移動している最中に居眠りをして夢を見た。夢のなかでは、蛇がみずからの尾をくわえて回転していた。そこに球が飛んできて、大きい球に小さい球が四個までくっついた。それが蛇とともに回転し、連鎖状につながったのである。

これが難題だったベンゼン環の構造を解明する手がかりになった。結合腕を四本もつ炭素原子同士が円環をなして連なる形状である。この形状が、古くから存在するウロボロスと呼ばれる象徴と重なるのは興味深い。ここでウロボロスの説明をするのは文字通り蛇足だが、みずからの尾をくわえて円をなす蛇ないしは竜のイメージのことで、始原の自己充足的な全体性を表している（図6）。

図6　ウロボロス

もう一つの有名な近代の霊夢の例は、ドミトリ・メンデレーエフ（一八三四〜一九〇七年）が、諸元素の性質に関する一貫性のある説明の仕方に悩んでいた一八六九年に見た夢である（Strathern, 2001）。そこには、はじめて目にする奇妙な表が現れた。よくよく見ると、その表には元素記号が並んでいる。メンデレーエフは、目を覚ますや、ただちにその表を細部まで思い出して書き取った。これが、元素の周期律表の発見という記念すべき偉業につながった。

第二章　参籠と夢待ち——西洋と東洋

参籠と夢見の普遍性

竹内流や神道夢想流、あるいは時宗など、伝統ある多くの流派や宗派が参籠祈願による霊夢からはじまったとされているが、これは武術や宗教に特有な話ではない。古来、神仏との交流を望む者は、すべからく参籠して夢を待った。すると、夢がたちどころに夢見手を救い、また癒した。その種のエピソードが、洋の東西を問わず、数多の古典文学や碑文に語られている。本章では、参籠と夢待ちについて見ておきたい。これが、第四章以降で夢分析の事例を理解し、夢の力の根源を探求していくのに欠かせない。

古典文学に語られている参籠とは、はたしてどのようなものだったのだろうか。手続きは、わが国においては、おおむね以下のとおりである（Blacker, 1981）。聖地に向かう巡礼の旅のあいだ、祈願者は、肉や匂いの強いものを食べず、いわゆる精進をしなければならない。聖地に着くと供物を捧げて、夢告を得るべく一定期間（七日、二一日、一〇〇日など）とどまることを誓う。その後、満願の日まで、供物を献じて節制しながら祈り、夜は神仏の近くに、つまり本堂や本殿に寝る。そして、夢を待った。

『石山寺縁起絵巻』には、『蜻蛉《かげろう》日記』の作者、藤原道綱母《ふじわらのみちつなのはは》の参籠の様子が鮮やかに描かれている（図7）。また、藤原国能《くによし》妻という裕福な女性が参籠している場面もある。この記録から、貴族は寺社の内陣のなかばかりでなく、贅沢な部屋の畳の上でも過ごせたことが見て取れる。周囲には高価な屏風や帳《とばり》が置かれていて、人目を遮っており、付き添いの者もいる（Blacker, 1981）。

この絵巻には、庶民が参籠している様子を描写したところもある。庶民は、本堂の冷たい床の上にそのまま、もしくは薄い布だけを敷いて、手当たりしだい何にでもくるまって暖をとり、「丸く長い枕に頭をいっしょに載せ合って、眠っている」（Blacker, 1981）。長い参籠を終えて久しぶりに聖域から出ると、近くで飲食や遊びに興じるなど、精進落としをすることも多かったようである。

西洋における参籠と夢見の作法も、わが国でのそれとほとんど変わらない。古代ギリシアのエピダウロスという名だたる聖地での参籠と夢見には、斎戒《さいかい》と沐浴、供物の奉献、特別な場所での夢待ち、という手順があった。夢による解決が求められた問題もほぼ共通で、難治な病気、理不尽な不幸、魂の救済などがあげられる。夢を見るや即座に癒され救われたこともかわりがない。

図7　藤原道綱母の参籠（石山寺蔵『石山寺縁起絵巻』より）

次節で霊夢のパターンを詳しく紹介するつもりだが、わが国における事例は「エピダウロスのアスクレピオス神殿の石碑に記録された事例と驚くほど類似している」（Blacker, 1981）と思ってよい。言い換えれば、参籠と夢見の構造や体験には、時代や場所を問わない普遍性があるわけである。後述するとおり、参籠して得られた夢の象徴的な意義についても、かなりの共通性を見出すことができる。

参籠とは「こもる」ことを意味する。「こもる」は、「籠もる」であり、「隠《こも》る」でもある。これは、あとに続く「再生」を含意している。物忌み、潔斎《けっさい》（禁忌を守って心身を浄める）をして神や仏など超越的存在に相見《あいまみ》えることにより、罪や障《さわ》りから解放されて、新たな自分に生まれ変わる。そこでは、「死と再生」と呼ばれる、生の展開にとって最も重要な象徴的体験が生じている。ちなみに、「隠る」の「隠」komoは、「隈」kumaや「神」kamiと同根である。

一方、英語で参籠に相当する語はincubation（インキュベーション）である。動詞形incubateは、卵を抱く、孵化させる、という意味をもつ。これはラテン語のincubareに由来し、そもそもは「～に横たわる」ことだった。いずれにせよ、インキュベーションとは、この世への新たな誕生のためにじっと籠もること、あるいは籠もらせることである。参籠は再生のための秘儀だった。

ちなみに、私たちユング派分析家は、人が心の病や問題への苦悩を契機として夢分析を受けはじめ、一連の深層心理学的な心の作業を経て根本的な変容をとげるまでのプロセスをインキュベーションと見なす。それが、真の意味で「隠る」こと、自身の奥の奥まで内向して行なう象徴的作業にほかならず、内なる「死と再生」を経験して新たな自分に生まれ変わるプロセスだからである。

エピダウロスで見る夢

東西における参籠の様相をより具体的に見ていこう。まずは西洋から。参籠と夢見の風習で最も知られているところといえば、前節で少しふれた古代ギリシアのエピダウロスだろう。ペロポネソス半島の東部にあるその地には、古くから医療の神アスクレピオスが祀られていた。国内外から病んだ者や苦悩する者がやってきては、斎戒沐浴して、この神から授けられる夢を待った。そうした夢には抜群の即効性があった。アスクレピオスはアポロンの息子で、死者をも甦らせる術を身につけており、最高神ゼウスさえ彼の底知れぬ業の冴えに脅威を感じたとされている。そのアスクレペイオンと呼ばれる聖域は、神による傷病の治療がなされる場所となっていた。古代ギリシア時代からローマ時代にかけて、ギリシア国内を中心に四〇〇カ所以上のアスクレペイオンがあったといわれている。

本節と次節では、主として、ユングの高弟、カール・アルフレッド・マイアー（一九〇五〜一九九五年）の研究にもとづいて、エピダウロスのアスクレペイオンにおける参籠と夢見の様子を紹介する（Meier, 1948）。とくに著名なアスクレペイオンは、アクロポリス、コス島、ペルガモン、ティベル島などにあったが、エピダウロスのそれもよく知られていた。かの地のアスクレペイオンは最古のものの一つだったと考えられている。

エピダウロスのアスクレペイオンは、紀元前六世紀頃から三世紀頃まで栄えたらしい。その分祠（神殿）はギリシア全土の主要都市にあり、それぞれがアスクレピオス信仰を広めるための中心地となっていた。分祠を行なうにはそのための託宣が必要で、たいていは本拠地であるエピダウロスから聖なる蛇を移送するという手続きを通して行なわれた。この蛇はアスクレピオス神が姿を変えたものである。

図８　アスクレピオス（ナポリ博物館蔵）
神の右手には蛇の巻きついた杖がある

アスクレピオスの蛇は、私たちもよく目にしている。WHO（世界保健機関）のロゴや欧米の薬局の看板に描かれている杖。あれはアスクレピオスの杖である（図８）。そして、そこに巻きついているのが神の蛇、あるいは神自身にほかならない。エピダウロスからはるばる運ばれてきた聖なる蛇が、新たな神殿の候補地に放たれて姿を消すと、そこに分祠の祭壇が作られた。

アスクレピオスと蛇の縁は深い。それは、この神が本来、ギリシア神話の時代以前の地霊的存在であることに由来する（Meier, 1948）。くねくねと這いまわる蛇は大地の精霊であると同時に、死者たちの霊魂が姿を現したものでもあった。それゆえ、死者たちの永遠の居所である地の底を司ると考えられていた。また、それとは反対に、脱皮を繰り返して成長することから、再生や永遠の生命の象徴でもあった。

くわえて、死者の声、異界の者の声が託宣を行なうことは、世界中で見られる普遍的な現象である。これらの諸要素が複雑に結びついて、託宣を行なう神は再生や癒しの神となる。つまり、アスクレピオスなる蛇神は、一方では土がもっている死者や異界への近しさ、他方では土がはらんでいる豊かに生み出す力、という矛盾し合う面を併せもつ、すぐれて超越的な象徴だった。

エピダウロスのアスクレピオス神がもたらした奇跡は多数伝えられている。古代ギリシアの著名な地理学者、パウサニアスによる記事はその一つである。パウサニアスによれば、ナウパクトスなる地の聖域はもともとパリシュオスという人物の私有地だった。ところが、エピダウロスの神がそこで引き起こした奇跡がもととなって、その土地は聖域とされたのだった（Meier, 1948）。

つまり、こうである。パリシュオスが眼疾でおおかた失明したとき、女流詩人アニュテーの夢にエピダウロスの神が現れた。そして、パリシュオスに手紙を届けよと告げた。彼女が目覚めてみると、なんと、実際に手のなかに封印を施された手紙がある。彼女は、夢告のとおり、船でナウパクトスまで行って、パリシュオスに手紙をわたし、それを読むようにと促した。

彼はもちろん、自分の目では見えるわけがないと思った。ところが、封印を切って手紙を見ようとしたとき、驚くべきことに、その目はもう癒されていたのである。神への深い感謝の念を抱いたパリシュオスは、手紙に書かれていた指示に従って大金を献じた。これをきっかけに、ナウパクトスには新たなアスクレペイオンが造られ、かの医神による治療がなされる聖域となった。

アスクレピオス神のヒエロン（至聖所、最も奥まった聖域）では、どのような治療がなされていたのだろうか。アスクレペイオンには、医師から見放された病める者たちが、藁にもすがる思いで、遠路はるばるひっきりなしにやってきた。そして、その内奥のヒエロンで奇跡的に癒された者たちは多数いたらしい。彼らが感謝の気持ちからそれぞれ奉納した碑石が見つかっている。そこから治療のあらましを読み取ることができる。

アスクレペイオンでの治療の基本は、まさに参籠である。心身の苦悩を抱える嘆願者は、何日もそこに宿泊して祈願した。まずは、浄化のための沐浴である。浄化によって魂が肉体から解放されて「無制限な夢体験が可能になる」（Meier, 1948）。捧げ物のあと、参籠者は、アスクレピアダイと呼ばれる神職たちから助言を受けたり、聖なる蛇を用いた儀式を受けたりした。

神の多義性

アスクレペイオンでは、病める者たちがアバトンないしアデュトンと呼ばれる部屋で眠って、癒しの夢がやってくるのを待った。そのときに使われた寝椅子をクリネーといい、これが「クリニック」という語の由来とされている。すなわち、クリニックというのは、本来、夢を見て癒されるための場所である。なお、アバトンとは、「呼ばれない者は立ち入りができない場所」を意味している。

マイアーによると、そこで「眠ることを許されるのは、そのように命じられた者、あるいは召喚された者」

だったのであり、「招かれることが、インキュベーションの根源的な意味であったにちがいない」と論じている（Meier, 1948）。アスクレピオスは、数多の大地母神《ちぼしん》たちと同じく、みずからが招いた者だけを癒す。招かれざる者は、その聖地にたどり着くこと自体が困難だったにちがいない。

招かれた者は、癒しの夢を見るために、なにはともあれ眠らなければならない。ところが、ここで非常に興味深いことがある。アスクレピオスは眠っている神と考えられていた（Meier, 1948）。神自身が夢を見る者だったのである。祈願する者は、この神を目覚めさせる必要があった。アバトンでは夢を見て癒される参籠者が後を絶たなかったが、多くはアスクレピオス自身が登場する夢だったとされている。眠れる神が目覚めたということだったのだろう。

アスクレピオスは参籠者の夢に、あるときは妻子を連れた男として、つまり人間のおとなの姿で現れ、またあるときは子どもとして現れた。蛇や犬の姿をとって登場することもあった。人のなりをした神、もしくは化身として顕現した蛇や犬は、夢のなかでそっと夢見手の患部に触れ、それからいずこへともなく姿を消す。これが参籠者の見る癒しの夢の典型的パターンだったようである（Meier, 1948）。

夢から覚めると、参籠者の病気は治っていた。アスクレペイオンで授けられる夢は、このように意味が明瞭なものが多かったので、夢を解釈する役割の者はいなかったとされている。ただし、癒しの夢はすべて記録される必要があった。癒された者は、そうするよう、夢のなかで命じられたものらしい。彼らはそれを石の碑板に刻んで神殿に奉納した。そのおかげで、当時の参籠と夢見の記録が今に残っているわけである。

現代の常識からすれば、夢を見るだけで難治の病気がたちまち治ってしまうとは、にわかに信じ難い。それでもあえて仕組みを推測するとすれば、思いつくのはホメオパシーの原理である。ホメオパシーは、同種療法とも訳されているように、似たものによって似たものを癒す。この治療原理は、現代の医学が全面的に依拠しているアロパシー、すなわち異種療法の原理の対極にある。

アロパシーによる一般的な医療では、病気とは反対の性質をもつものによって治療を行なう。つまり、何かが不足して病気になっているのならそれを補い、何かが過剰で病気になっているのであればそれを打ち消す薬を用いる。これに対して、代替医療には、ホメオパシーの原理にもとづいているものがある。たとえば、腰が曲がって痛いという訴えがあれば、歳を経て曲がった木の樹皮から成分を抽出し、それを限界まで希釈して薬とする。

ホメオパシーは因果関係による理屈ではないので、「非科学的」であるにはちがいないが、科学的であることが唯一の正しい考え方ともかぎらない。ホメオパシーの根本にあるのは、ある病苦を作り出したものこそがそれを取り除く力を有しているという観念である。similia similibus curantur——似たものが似たものを癒す。そうなると、夢が癒すということにも一理あるような気がしてくる。

エピダウロスの神が授けた夢でたちどころに病苦が消え去るのは、その病苦が、ある意味で、ほかならぬかの神自身によって引き起こされた災いだったからではないか。そう考えると合点がいく。これは、アスクレピオスが参籠者に似て、眠って夢を見ている神と思われていたこととも符合する気がする。つまり、アスクレピオスという神は、癒しをもたらす者だっただけでなく、病苦をもたらす者でもあったのかもしれない。

少し舌足らずでわかりにくいかもしれない。こう言い換えたなら、より理解しやすいだろうか。参籠者の病苦の真の発生源と、その病苦を癒す力をもつ夢の発生源。この二つがじつは心の最深奥の同じところにあるのだ、と。なんらかの理由で生き方やあり方が根本から変容する必要のある者に対して、アスクレピオスという神は、病苦をもって参籠へと導き、夢をもって癒す。このイニシエーション（参入儀礼）のプロセスを経ることによって、参籠者はほんとうの変容を体験する。

ここには、病む者と癒す者、病む者と病ませた者との一致が見られる。この伝でいくなら、参籠した流祖や宗祖の夢に武術や宗教の奥義が示されたのは、その武術家の抱えていた傷や宗教家の抱えていた懊悩も神仏に属するもの、神仏の作り出したものだったがゆえ、ということになる。それだけではない。そこには、神仏による代受苦も見て取れよう。神仏自身もまた、参籠者と同じ深手を負い迷いのなかにいて、ともに夢による癒しや救いを求めてくれるのだ。

すっかり忘れてしまっていた遠い約束を思い出すことによって生じる、癒し・救い・闡明、という本書のテーマ。このテーマは、エピダウロスの参籠者が本質的なあり方の変容を体験するときに、それまでの長い苦悩がじつは深い神慮によるものだったことを知り、そこに癒しへの導きの糸もまたあらかじめ用意されていたことに気づく、そのプロセスとどこか重なっていないだろうか。

観音の夢

さて、西洋の次は東洋である。東洋における参籠と夢見の歴史も古い。古代のわが国では、天皇や皇子が夢の託宣を得る役割を担っていた。一種の「大きい夢」である。天皇は「夢見る人」であり、宮中には神牀《かむどこ》という寝台があった（西郷、一九七二）。崇神記《すじんき》では、疫病対策の啓示を請う天皇の夢に大物主神《おおものぬしのかみ》が現れている。また、聖徳太子は夢殿で夜ごと夢を待ち、朝になると「世の善き事悪しき事」を述べ伝えたという（西郷、一九七二）。

中世以降、参籠と夢待ちの風習は貴族や庶民にも広がった。多くの古典文学や寺社縁起に、参籠と夢待ちの奇跡が伝えられている。すでに少しふれた、藤原道綱母の『蜻蛉日記』はとくに有名である。彼女は夫（藤原兼家）から冷遇される悲しみを癒してもらいたくて参籠していた。すると、夢に高位の僧が現れ、どういうわけか彼女の膝に水をかけたのだった（図7）。その後、不思議と夫も寺に詣でるようになり、夫婦は愛を取り戻す（Blacker. 1981)。

参籠と夢待ちはいたるところで行なわれたが、とりわけ名高い聖地がいくつかあった。神社でいえば、広島の厳島神社、京都の賀茂神社や貴船神社、大分の宇佐八幡宮などが著名だった。一方、仏閣では観音信仰に縁の深いところが多く、とくに奈良の長谷寺、京都の清水寺、滋賀の石山寺の観音はその夢の霊験で知られていた。藤原道綱母が参籠したのは石山寺である。

少し横道に逸れるが、長谷寺の観音と清水寺の観音の像容くらいは紹介しておかなければなるまい。長谷寺の本尊である十一面観音立像《りゅうぞう》は三丈三尺、総高一〇メートル以上の偉容を誇る（図9）。特徴的なのは、蓮華の台座ではなく、宝石《ほうじゃく》と呼ばれる平らな石の台座に立っていること、そして右手に錫杖《しゃくじょう》を持っていることで、これを称して長谷寺式という。次節と次々節では、この観音の夢にまつわる霊験譚を紹介することになる。

図9　長谷観音

長谷寺に行って、まずは塗香《ずこう》をし、結縁《けちえん》のしるしの五色の紐をもらってから、実際に拝観してみると、観音像の存在感もさることながら、黒く四角い宝石から放たれている強い磁力のようなものを感じないではいられない。『長谷寺験記《げんき》』（横田、2010）によれば、この台座は、その根が地中深く金輪際《こんりんざい》（大地を支える金輪の底）におよび、そこから地上に現れた三つの枝の一つである。ほかの二つの枝の先は、諸仏が悟りを開く中天竺《てんじく》と観音の浄土である補陀落山《ふだらくせん》にあるという。

すなわち、長谷寺のある初瀬《はせ》（泊瀬）は、天竺や補陀落とならぶ観音の霊場である。それほどの本尊ゆえ、秘仏とされていた時代もある。直接に尊像を目にしたことのない、無数の篤い信仰者がいたかもしれない。江戸時代には、巨大な観音像の背後の壁の裏側に本尊と背中合わせに置かれた、像高一七〇センチメートルほどの裏観音を障子窓から拝んでいたともいう。

一方、清水寺は、これもまた説明をする必要がないほどよく知られている。『清水寺縁起』によれば、大和国のある僧に霊夢があって、お告げのとおりに北へ向かうと、川に金色の水が流れており、源を訪ねて京の東山へ分け入ると滝があった。この音羽の滝の清水のほとりに建立された観音堂が、今の清水寺の興りである。『清水霊験記』にはその霊験が語られている（西郷、一九七二）。

清水観音の夢にまつわる霊験譚も多い。たとえば、『今昔物語集』本朝仏法部の巻第十六にはそうした話が集められているが、そのなかに「貧女仕清水観音値盗人夫語　第卅三」（貧女、清水の観音に仕へて盗人の夫にあひたる語）というのがある。話は、貧しい若い女が清水寺に詣で続けていたが、いつまで待っても験がないので参籠する、というところからはじまる。

夢に気高い僧が現れ、帰途に語りかけてくる男の言葉に従え、と告げた。はたして大門の前にひとりの男がいたので、女はいわれるがままに東山にある寺の塔に入った。男が奥から高価な布など出してきて、頼む者のない者同士、夫婦になろうと言うので、女は受け入れる。しかし、男が出かけているあいだに、女は、その正体が盗人であることに気づく。恐怖を感じて観音に祈ると、見張りの尼が水汲みに出たので、女は布を抱えて逃げ出した。途中、男が盗人として捕縛されているのを目撃。女はその後、持ち出した布を売り、おかげで所帯をもって暮らすことができた。

ここでも、観音みずからが夢見手を苦境に導いてから救っているように見えないではないが、それはさておき、清水寺の本尊は秘仏である。観音に三三の化身があることにちなんで、その厨子《ずし》は三三年に一度しか開帳されない。しかし、厨子の前には御前立ちとして写しの観音像があり、かわりに拝むことができる。清水寺の観音は千手観音なのだが、多数ある腕のうち、二本を頭上で合わせて○を作っているような印象的な姿である。こ

図10　清水観音（御前立ち）

の姿の観音像は清水寺式と呼ばれている（図10）。

何年か前、ありがたい縁があって、この御前立ちの観音立像を幾度か内陣で拝観させてもらったことがある。御前立ちを含めて、仏像や本尊の厨子は、内陣のさらに奥の内々陣と呼ばれる空間にあり、僧侶たちはその内々陣のなかで礼拝し読経する。内々陣と内陣とのあいだは金網で隔てられている。特異な姿の例の御前立ちは、数本の蝋燭でうっすら照らし出されていた。

御前立ちの観音像を外陣から見ているときには比較的小さい像のように思うのだが、内陣の至近距離から拝見すると、意外に大きいことがわかる。人の背丈くらいはありそうである。御前立ちを飽かず眺めていたら、その両目が瞬きや目配せをしているように見えた。蝋燭の焔が揺れたせいだったのかもしれないが、こちらが目をパチクリしてもそれがなおもしばらく続いたので驚いたのを憶えている。

得益必定《とくやくひつじょう》の自在の身

観音は往古より、参籠祈願する者を見守り、夢を通して救いと癒しを与えてきた。夢見を中心に考えるなら、観音のもたらす霊験というかたちで夢が奇跡を引き起こしてきたともいえようか。霊験譚については、前節でごく短く紹介したが、本節では観音による奇跡の究極がどのように描き出されているか、少し詳しく見ておきたい。流祖や宗祖が参籠と夢見によって得ようとしたものの本質を考える参考になると思うからである。

『長谷寺験記』に語られている霊験譚を二つほど見てみよう。『長谷寺験記』は鎌倉時代の成立とされており、上巻一九話、下巻三三話で構成されている。法華経の観世音菩薩普門品《ふもんぼん》の教えが土台にある。その教えでは、観音が救ってくれる苦が一九項目あって、「十九説法」というが、上巻の話数はここに由来する。また、下巻の話数は、観音が救済のために姿を変える「三十三身」になぞらえたものである。

エピダウロスでは、夢にアスクレピオス神かその化身が登場して夢見手の患部に触れると病が癒えたのだったが、前々節で述べたように、わが国でもパターンは似ていた。人類学者カーメン・ブラッカーはこう説明している。「悩みを持つ者は、寺社のもっとも聖なる場所からある人物が現れるのを見る。その人物は、患部に何ごとかを『なす』。そして目が覚めると癒されている」（Blacker, 1981）。

しかし、ここではあえて、少し展開の異なる霊験譚を取り上げる。流祖や宗祖の夢を題材の一つとして取り上げるからには、参籠しても滅多に起きない、究極の夢見のかたちを探っておきたいからである。まずは、「上巻第十九　宇治関白依夢告知灰燼益事」。総本山長谷寺発行『現代語訳　長谷寺験記』（横田、二〇一〇）では、「宇治関白（藤原頼道）が夢告によって観音様が灰燼《かいじん》となる御霊験を知った話」となっている。以下、この現代語訳を参考にして、要約を記す。

関白、藤原頼道は何ごとかの祈願があり、七日間と定めて長谷寺での参籠をはじめた（その祈願へのいささかの霊験はあった）。本堂の火災から間もなかったこともあり、参籠中、これほどの霊地が幾度も焼失してきたのはなぜなのか、と訝っていた。参籠七日目の未明、頼道の夢に、立派な装束を身につけ、箱を携えた童子が現れた。

童子は頼道に言った。「観音の方便を不審に思ってはならない。盛衰はどちらも衆生を利するための方便である。焼失のたびに、家財をなげうって縁を結ぶ者もあれば、土や木を運んで寺に入れる者、火災の知らせを遠く聞いて恋慕の歎きを抱く者、近しく供養の場に臨んで手を合わせる者もある。縁の遠い者も近い者も霊験にあずかることおびただしく、これは賢しらのおよばぬことなのである」。

箱には水瓶《すいびょう》と巻物が入っており、童子は巻物を広げていった。「これは、長谷寺の焼失に結縁した者のうち、恩恵にあずかれることがまだ決まっていない者の名簿である」。そこには、ほかならぬ頼道の名があった。これまでずいぶんと功徳《くどく》を積んできたのに、と問う頼道に、童子は信心の浅さを指摘する。そして、「恩恵」がいかなるものかを見せようと言って、水瓶の口を取った。

たちまち五色の雲がたなびき、雲中に無数の仏、天人、畜類が現れて、虚空に満ちた。それぞれ光を放ち、自在の身を得ている。童子は「これが長谷寺に結縁した者が来世で受ける果報であり、みな仏になることになっているがゆえに光を放っている」と説明する。天人の頭をした馬までいるわけを頼道が尋ねると、「寺の焼失時に寄進の物を運んだ十市《とおち》の里の馬で、今日死んだが、ここで結縁したので天界に転生できるのだ」と童子は言うのだった。

夢から覚めた頼道が使者に事実関係を確かめさせると、童子の話のとおりの馬が死んでいたことがわかった。そのことを知った頼道は深い信心を起こし、さらに一四日間の参籠を続けて、「得益必定」（かならず霊験があること）を祈願した。すると、満願の夜の夢に再び童子が現れて、「得益必定」と告げた。以後、頼道は長谷寺にひとかたならぬ帰依をしたという。

この話では、参籠と夢見によって得られるものが長谷観音からの恩恵と結びついている。最後の場面に出てくる「得益必定」は、観音の霊験にあずかること、すなわち虚空に満ちて光り輝き、自在の身を得て成仏することの、いわば約束を指す。参籠と夢見のもたらすものがこのように語られていることは注目に値する。自在の身と成仏。流祖や宗祖が参籠して受けた夢告も、これと似た意味合いをもっていたかもしれない。

徳と罪の粗大と微細

ついで、「下巻第二十七　大聖為利一男二女教令盗薄衣事」を取り上げる。『長谷寺験記』のなかでも、一、二を争う長い話である。ここでいう「大聖」とは、かの長谷観音のことにほかならない。『現代語訳　長谷寺験記』では、「観音様が一人の男と二人の女に御霊験を施すために薄衣《うすぎぬ》を持ち去らせた話」となっている。以下が、この興味深い物語の要約である。

京の貴族に仕える若い女がいた。貧しさゆえ将来を憂えて毎月、長谷寺に詣でていたが、三年目の冬になっても霊験がない。旅費も底をつき、最後の参籠でわが身の愁いを訴えつくすことにした。すると、夢に高徳の老僧が現れて、次のように告げた。おまえには前世の罪が残っていて、観音も願いを叶えられないから、後ろで寝ている女房の薄衣をとって早々に帰るがよい、と。

目を覚ました女は夢のお告げにあきれるが、思い直し、いわれたとおりに薄衣をこっそり羽織って逃げ出した。途中、後ろから大勢の者がやってくる声が聞こえてきたので、女は肝を冷やす。しかし、一行の主人である男は、薄衣を羽織った女の姿を見て、長谷寺に祈願に来たどこかの高貴な女房が人目をしのんで帰ろうとしているものと思い込み、馬で送ろうと申し出た。

夜が明けて、男が女の顔を見ると、病死した妻にそっくりである。男は、妻に先立たれたみずからの心を慰め、しかるべき新たな縁があることを願って長谷寺に参詣したところだったので、この出会いを観音の計らいと考え、女に求婚する。男は美濃の武将、源頼政。尊敬を集める立派な侍である。女は求婚を受け入れて、そのまま美濃までついて行き、頼政と幸せに暮らす。

あるとき、頼政に、京へ上る用事ができた。そこで、女に言った。行方知れずになっているおまえのことを心配している親類が京にいるのではないか。いるなら、いっしょに事情を話しにいこう、と。女は京に親類がいないと答えるのを憚って、姉がひとりいると嘘をつく。頼政がその存在しない義姉への贈り物をたくさん用意したので、女は自分の嘘を後悔した。

京の三条で、女はたまたま通りかかった屋敷へ入って、そこの主である女房に事情を話し、自分の姉であるふりをしてほしいと懇願した。女房が聞き入れてくれたので、女は頼政からの贈り物を邸内に運び込んだ。あらためて女から詳しい経緯を聞いた女房は、自分がかつて薄衣をとられた当の本人だと打ち明ける。そして、夫に先立たれ財産も継子にとられて、観音に詣でていたが、ご利益はなく、薄衣までなくして、参詣もしなくなってしまっていた、と語るのだった。

女房は、もうあきらめていたのに、こうして仏が行く末を照らし、たくさんの財物を与えてくれた、と泣く。女も、これはきっと前世からの縁にちがいない、と泣く。女は頼政にも真実を話すことにした。頼政は話を聞いて哀れに思うとともに、観音の計らいに感じ入って、その後ふたりの女をたいせつにした。観音はこうして、三者に対して三様に願いを叶えたのだった。

以上が「大聖為利一男二女教令盗薄衣事」の梗概である。前世の罪が贖いきれておらず、観音でさえ救えない、不幸な女。参籠中のこの罪深い女に、観音は、つまり夢は、盗みというさらなる罪を犯させる。なんということだろう。ところが、物語が展開するにつれて、複雑な仕掛けの前に、何が善で何が悪なのかおぼつかなくなっていく。私たちの判断の基準がきわめて近視眼的なものであることに気づかされる。アスクレピオスが参籠者を癒す前に病苦を作り出していたことを思い出してほしい。

ここで、ユングがときどき使う言い回しを借用するなら、ものごとには粗大《グロス》な側面と精妙《サトル》（微細《みさい》）な側面がある（Jung, 1996, 1997）。粗大な側面とは、五感で直接感じ取れる表面的な特性をいう。これに対して、微細な側面は、五感では把握できない、より本質的な特性を指す。そこに普遍的な真理が含まれていることが多い。ものごとの全体は、粗大な側面と微細な側面の二つが合わさって構成されている。

ユングはまた、善と悪の問題の深遠さを指摘している。善と悪は表裏一体のいわば統一体であり、どちらか一方だけでは存在しえないし、ある水準では悪と見なされるものごとでも、より高次の視点から見れば善の源でありうることを指摘している。つまり、粗大な次元での善と悪、あるいは徳と罪は、微細な次元においてはまったくあべこべになってもおかしくない。

観音の引き起こした事態は、粗大な側面においては犯罪であることにまちがいはない。しかし、微細な側面を見れば、何人もの不幸な者たちをそろって救う計らいがあった。しかも、ほんとうの意味でなんらかの被害に遭った者は誰もいなかった。興味深いのは、そのような展開になる前提として、女の前世の罪があったことである。『長谷寺験記』には、同様の理由から観音の力では救えないという話が散見される。しかし、いずれの話においても、実際には、みごとな救いようである。

そんな離れ業がいかにして可能になるのか。思うに、ここで紹介した物語の場合、観音はみずからの聖なる夢告で女に罪を犯させ、善と悪の区別、徳と罪の区別をいったんご破算にし、悪のなかの善、罪のなかの徳を引っ張り出したのだ。となると、女には前世ですでに救いの種が蒔かれていたと見てもよい。現世でいまだ救われていないようであるにもかかわらず、すでに救いの約束がはたされている、というパラドックスをここにも見ることができる。

第三章
ユング派の夢分析

ユング心理学とイメージ

ここまで夢と参籠について展望してきたが、古代や中世の夢は、なぜものごとの微細な側面を明らかにし、究極の真理を教えて、癒しや救いをもたらしたのだろうか。また、近代・現代の夢は、いかにして部族に道を示したり科学者に大発見をさせたりしたのだろうか。本章では夢の力の源を解説する。理論的な話が多くなって恐縮だが、ここにユング心理学の核心がある。理屈は面倒だという読者は、さしあたり、本章をとばしてもらってよい。次章以降は事例中心なので、案外わかりやすいだろう。必要に応じて本章に戻ってほしい。

さて、ユング心理学では、夢、空想、想像、描画など、おのずから意識に浮かび上がってくるイメージを扱う。夢はその代表格といってよい。意識の外から夢はやってくる。夢には昼間の意識的体験の残滓《ざんし》が混じっていることもある。しかし、夢の意味するところをそれだけで説明できることはまずない。意識の機能的な中心を自我と呼ぶが、夢には意識や自我の思いもよらないあれこれが含まれている。

「意識の外」とはどこか。そこを深層心理学では無意識と呼ぶ。無意識 das Unbewußte、the unconscious とは、正確に訳すなら「意識されざるもの、非意識的なもの」で、まさに意識の領域の外部のことである。無意識は意識に対してイメージを送ってくる。夢は眠っている状態で体験するそうしたイメージにほかならないが、覚醒しているときにも淡くイメージが流れ続けているのに気づくことはないだろうか。いわゆる白昼夢、空想である。

無意識に由来するイメージは、覚醒中には気づかれにくいが、じつは不断に意識に向けて発信され、届けられている。その目的は、意識になにがしかのメッセージを伝えることにある。この働きは、無意識のもっている特性の現れそのものである。無意識というものが意識のなかにはない諸要素から成り立っているがゆえに、そこに由来するイメージは、意識に欠けているものを含んでいる。意識の盲点を教えてくれるのだ。

盲点になっていることがらこそが、夢の届けようとするメッセージの内容である。だから、意識が無意識由来のイメージを捉えて素直に受け入れれば、それだけ意識の内容は豊かになる。変な譬えかもしれないが、これは、色を一一種類しか知らなかった意識が一二番目の色を知るようなものである。あるいは、ある立体を前面から見た姿と側面から見た姿の二つしか知らなかった意識が、上面からの像を新たに知るようなものである。

意識によるものごとの理解は、無意識由来のイメージによって厚みを増し、よりトータルなものに近づく。逆にいえば、一一種類の色、二方向から見た形態しか知らない意識には、ものごとの見方や捉え方に偏りがあることになる。無意識由来のイメージは、そのような意識の偏りを正してバランスを回復させるわけである。この働きを、無意識による「補償」と呼ぶ。

意識の偏りは、今の譬えのように、意識がみずからに欠けているものをもともと知らない場合には当然ある。くわえて、意識に固有の傾向からも生まれてくる。ものごとを、何でもかんでも二項対立的に捉えようとする傾向である。前章の最後のあたりともつながるが、見境なく、善か悪か、徳か罪か、美か醜か、強か弱か、といった具合に分けてしまう。しかも、それがほぼ自動的に価値づけとつながって、認識や判断の根拠とされる。いきおい、価値が低いと見なしたほうの半面は切り捨てたり、無視したりすることになる。そのようにするからこそ、意識はシャープな判断力を発揮できるのだ。価値が高いと考えた方向を重視して生きるのはけっこうなことだが、排除され放置されたままの半面はいつまでも黙ってはいないだろう。およそ世の中に無用なものは存在しない。悪でさえ、罪でさえ、不要と言いきれないのは、前章でも見たとおりである。

たとえば、子どもの不登校に戸惑う親が、わが子に時間をかけて向き合おうとするなかで、それまで直視せずにきたみずからの生い立ちの暗部を見据えざるをえなくなることがある。親が自分の切り捨ててきたものとつながり直すと、子どもとのつながりも不思議と再構築され、結果的に不登校も解消される。親の側がわが子の不登校に深い感謝の念を抱くようになることは稀ではない。癒しや救いはすでにあったのだ。これもまた、忘れていた約束を思い出す、一つのかたちといえようか。

図11　ユング自身のアクティヴ・イマジネーション
ユングはイマジネーションを文章のみならず壮麗な絵としても表現し、『赤の書』にまとめた

夢の相対性

私たち、ユング派分析家は、偏りのある意識が自分の切り捨ててきたものと出会い直すのを助けるためにイメージを使う。夢分析やアクティヴ・イマジネーション（図11）、あるいは描画や箱庭制作、ときにはダンス・ムーヴメント（オーセンティック・ムーヴメント）などの技法を通して、無意識由来のイメージがも

たらそうとしているメッセージの意味を、アナリザンドとともに探求するのである。

もっとも、この作業はそう簡単にはいかない。「はじめに」でも述べたように、無意識が使うイメージという言葉は、意識の言語体系と根本的にちがうからである。大半の人はイメージの翻訳の仕方を知らないから、夢のメッセージをほとんど理解できない。当然ながら、夢の力による変容も体験できない。宝の持ち腐れである。そして、あろうことか、夢は荒唐無稽で無意味なものだと断ずるようになってしまう。

ユング心理学には、夢の言葉を翻訳・解読するための知識と経験の蓄積が豊富にある。ただし、夢のメッセージの扱い方は、前章で紹介した古典文学の例に見られる伝統的なそれとはちょっとちがう。昔の人にとって、夢のメッセージは神仏からのお告げであり、疑うべからざる絶対的なものだった。これに対して、現代の夢分析では、夢の内容は相対的なものと見なされ、意識や自我のより積極的で注意深い関与が求められる。

夢分析においては、夢のメッセージを翻訳して理解はするが、けっして鵜呑みにしない。そうでなければならないことは、無意識による補償という働きを考えてみてもわかるだろう。意識の偏りを補償できるということは、無意識からのメッセージの側にも意識とは反対向きの偏りがあるということなのである。マイナス三の偏りを補償するには、プラス三の偏りがないといけない。夢の意味は、そこのところを勘案して理解するように努める必要がある。

夢のメッセージに絶対性はない。しかし、相対的な真理は含まれている。したがって、すべてを受け入れなければならないわけではない。メッセージをどこまでどう受け入れるべきかは、状況しだいで変わってくる。ユング心理学では、それを決定するのに必要な作業を「折衝」と呼んでいる。折衝は、アクティヴ・イマジネーションという技法においてとりわけ重要になる（Hannah, 1981; Johnson, 1986; 老松、二〇〇〇、二〇〇一、二〇〇四a、二〇〇四b、二〇〇四c、二〇一一、二〇一四、二〇一六a、二〇一六b、二〇一九）が、夢分析の際にも欠かせない。

意識には意識の立場や事情があり、無意識には無意識の立場や事情がある。ふつう、意識が独善的にひとりで突っ走りたがるのに対して、無意識は心を「意識＋無意識」という一つの全体に戻すべく、意識に改心を迫る。それゆえ、両者の主張やニーズには隔たりがあって相容れない。偏りある意識とそれを補償しようとする無意識なのだから、そこにはどうしても対立が生じる。この意識と無意識の懸隔を架橋する作業が折衝である。

夢分析の場合なら、まずは無意識が、夢を通して、意識の偏りを修正するための主張や提案をしてくる。意識の側からすれば、はっとさせられることもあれば、腹立たしくて受け入れ難いこともある。そこで、意識の側からも、考え方や行動を変更するなどして、無意識に対して主張や逆提案を行なう。すると、それを見た無意識が、応答として次の夢を送ってくる。今度は意識がその新たなメッセージに取り組む……。

こうして、両者が主張すべきところは主張し、譲るべきところは譲る。交換条件を出してみるなど、駆け引きのようなこともまじえながら、意識と無意識が少しずつ歩み寄り、双方の妥協できる落としどころ、和解可能な一線を見つけていく。これが折衝という作業である。現代の夢分析では、このように、かつての夢待ちよりもずっと意識や自我の関与が求められる。

もっとも、昔と同様、まさに神仏からの直接のメッセージであるかに感じられるような、非常に強力な夢もある。その種の夢には、有無をいわさぬ説得力があったり、戦慄や畏怖を覚えるような威力（ヌミノースムという）があったりする。これは、いわば、絶対的な夢である。ヌミノースムは宗教的体験の中核をなすものであり(Otto, 1917)、夢見手にただちに深い変容を引き起こす。

夢の源泉――無意識という巨大貯蔵庫

ところで、夢はどのようにして組み立てられているのだろうか。夢には、さまざまな場所やキャラクターが出てくる。なじみの街や人物を夢に見ることも多い。しかし、仔細に検討すると、たいてい実際とはちがっている。昨日の体験が今朝の夢になったのだなと思うこともあるが、冷静に比較すると、やはり部分的にしか一致しない。純粋に既知の素材のみからできている夢はおそらくないだろう。何か未知のものが混じっている。ときには、まったく知らない場所や人物の夢を見る。それどころか、太古の昔やはるかな未来、異次元や異界、神や悪魔、怪物や妖精、宇宙人まで登場する。そういう小説を読んだり映画を観たりした憶えがなくとも、それらは姿を現す。そして、ときには、反対の経験もしたりする。つまり、かつて夢で見たのとそっくりな状況や展開に初見の小説や映画で出会い、既視感に戸惑うこともあるのだ。知っているけれども知らなくて、知らないはずなのに知っている……夢の素材は不思議である。そういえば、かの約束にも似たようなところがあった。

こう考えてみたらどうだろう。誰のなかにももともと、個人的な経験とは無関係に、神や妖精の物語を生み出す一揃いの源があるのだ、と。世界中の神話やおとぎ話を眺めてみると、遠く隔たった地域の物語のなかに類似したモチーフがよく見つかる。伝播による現象と説明されることが多いが、もしも万人が無意識内に共通のイメージの源をもっているのなら、そっくりのモチーフが同時多発的、異時多発的に現れてきても疑問はない。

ユングはあるとき、かつてひとりの長期入院患者から聞いた不可解な妄想が、古代の祈禱書に書いてある内容と酷似していることに気づいた。その祈禱書は発見されて間がなく、出版されたばかりで、その患者があらかじめ知っていた可能性はない。そこで、ユングはこう推測した。人間には、時代や場所を問わず、誰もがはじめからもって生まれてくる共通の無意識内容があるにちがいない、と（Jung, 1912/1952）。

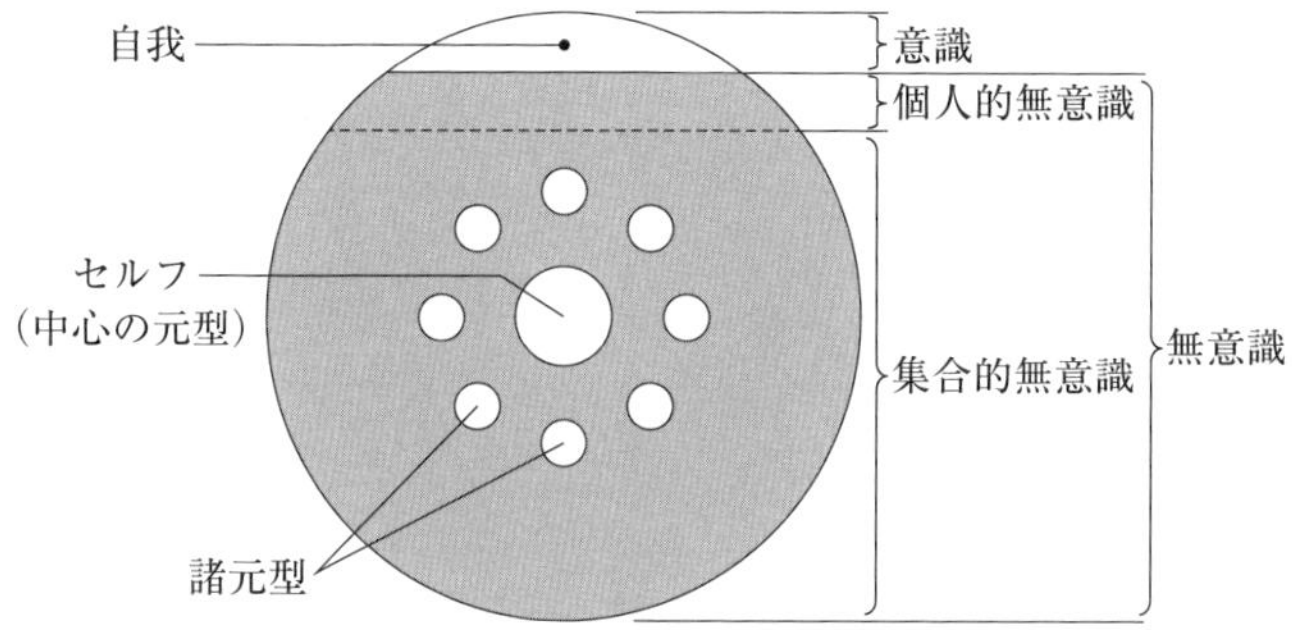

図 12　心の構造

ユングはそれを集合的無意識と名づけた。その内容が非個人的、超個人的なものだからである。もちろん、無意識のなかには個人の経験してきたことにまつわるあれこれが集まっている層もあって、そちらは個人的無意識と呼ばれる。つまり、誰のなかにも、人それぞれで内容が異なる個人的無意識と、普遍的で共通な内容から成る集合的無意識とが存在する。要するに、私たちの心は、意識、個人的無意識、集合的無意識の三層で構成されているわけである（図12）。

これら三層の割合だが、ユングは心を氷山に譬えて、意識は「氷山の一角」にすぎないと説明している（Jung, 1997）。つまり、氷山でいえば、海面上に出ている（目立ちはするが）ごく小さな部分が意識に相当する。あるいはまた、「大海に浮かぶコルク片」（Jung, 1997）とも。私たちの感覚では、意識が心の大半であるように思ったり、あまつさえ心＝意識と思ったりしているが、誤解もはなはだしい。氷山の本体部分同様、心の大部分は、隠れていて見えない無意識が占めている。

ならば、二種類の無意識の比率はどうかというと、個人的無意識に対して集合的無意識が圧倒的に大きい。個人的無意識は個人の経験にまつわるかぎられた範囲のものしか含まないが、集合的無意識にはそのような限定がないからである。その内容は膨大で、太古の昔から人類が絶え間なく生み出してきたさまざまな文明や文化の源も、例外なく集合的無意識に遡りうる。あえていうなら、心≠意識ではなく、心≠集合的無意識である。

先ほども述べたように、集合的無意識には神、仏、悪魔といった超越的存在、怪物、妖精、魔女、魔法使いといった想像上の存在が蠢いているし、過去や未来にまつわるあれこれ、さまざまな世界や次元の現象などが交錯している。集合的無意識は、無限に巨大な夢の素材の貯蔵庫である。夢は、個人的無意識に由来するごく少数の素材と、集合的無意識に由来する無数ともいえる素材からできている。

夢のテーマと意味

無意識の大部分は集合的無意識なのだから、事実上、夢は集合的無意識の深みから浮かび上がってくると考えてよい。ただし、深みに発する夢が表層の意識にまで届くには、あいだにある個人的無意識の層を通過してこざるをえない。集合的無意識由来の夢も、そのときに、個人的無意識に属するイメージで表面を多少ともコーティングされるので、いかにも個人的無意識に由来するもののように見えることがある。夢の解釈の際には注意を要する。

もっとも、「コーティング」という表現は誤解を招くかもしれない。個人的無意識に属する素材が表面を覆うといっても、見境なくやたらにくっつくわけではないからである。個人的な表象やイメージのなかでも、いま深層から浮かび上がってこようとしている内容になにがしか関連のあるものがくっつくのだ。だから、そうしたコーティングは、深層の内容を覆い隠してしまいもするが、それを究明するヒントとなることもある。

ちなみに、心のなかでは、ある集合的無意識の内容を中核として、それに関連のある深層由来および表層由来の表象やイメージが集まり、一つのかたまりを作っている。いつでもいっしょに活動したがる仲よしグループのようなものである。ユングはそれをコンプレックス（心的複合体）と名づけた（Jung, 1906）。コンプレックスには、中核の異なる多種多様なものがある。俗にいう「コンプレックス」は劣等コンプレックスのことで、たくさんあるコンプレックスの一つにすぎない。

ところで、夢のイメージが象徴的なものであることはすでに述べた。換言すれば、夢は多義的、多層的である。したがって、一つの夢のモチーフには、集合的無意識から発せられたメッセージだけでなく、個人的無意識から発せられたメッセージも同時に含まれていることがある。たとえば、貴重品を盗まれる夢を見たとしたら、たいせつにすべき内面の深みにもっと意識を向けよという助言かもしれないし、現実に過労でエネルギーを失っていることに注意せよという警告かもしれない。あるいは、その両方かもしれない。

さらにいえば、集合的無意識から発せられるメッセージは一つとはかぎらない。個人的無意識からのメッセージにしてもしかり。一つの夢には三つも四つもの意味が同時に含まれている。となると、いくつか考えられる夢の意味のうちどれを重視すべきか。答えはそのときどきの状況によってちがう。現実において深刻な個人的葛藤を抱えているなら、その文脈で夢の意味を検討してみることも必要だろう。一方、周囲の状況やコミュニティとの関わりにまつわる文脈で見るほうがメッセージを汲みとりやすいこともある。

夢が発してくるメッセージには短期的なものもあるが、ときには、夢見手のライフサイクルに関係するような課題も現れてくる。つまり、思春期、青年期、壮年期、初老期、老年期などの境目をいかにして安全かつ有意義に通過するか、そして通過後をどう生きるか、といった課題である。あるいはまた、夢見手の生のなかでいまだ休眠したままの創造性や宗教性をこれからいかにして実現するか。そんな課題が投げかけられる場合も少なくない。夢は夢見手や家族の生の全体を俯瞰して、あり方の変容を迫ってくる。

しかも、そのような無意識の言い分は、たいてい意識の言い分と対立しているのだから、まことに厄介である。現実は行きづまっているが、現実をふまえないわけにもいかない。意識と無意識の一方の言い分だけをフリーパスにはできない。葛藤は続く。けれども、その対立が極限に至ったときに見る夢は、不思議と、両方がともに成り立つよう巧みに作り上げられている。一遍の夢でもそうだったではないか。「信があるから念仏札をわたす」だけでなく、「不信があるから念仏札をわたす」というのもありなのだ。

とまれ、夢の意味が複数考えられるなら、より多くの気づきがある解釈を重視したい。なお、夢の解釈には、客体水準のそれと主体水準のそれとがあることも知っておくとよい。たとえば、遠方の知人が病気になったという夢を見たとしよう。そこに実在の知人（客体）に関するメッセージを読むのが客体水準の解釈である。夢見手がはっきり意識していなかったとしても、無意識はかすかな情報や徴候から知人の不調を感じ取っているかもしれない。これも、意識の盲点に対する無意識からの補償の一種である。

一方、主体水準の解釈では、この夢が夢見手（主体）に関するメッセージを発していると見る。今の意識からは遠くて見えにくい夢見手自身の一部が不健康な状態に陥っている、というメッセージだと考えるわけである。遠方の知人は、そのような主体の内的部分を象徴している。もっとも、客体水準の解釈と主体水準の解釈という区別は便宜的なものである。どの夢も例外なく多義的である以上、一つの夢に客体水準の意味と主体水準の意味の両方が含まれていてもよい。

夢の両義性や多義性は、そこに含まれるメッセージを不明瞭にしているように感じられるだろう。そう感じるのは、夢を理解しようとする私たちの意識や自我が、強情にも一義的な明瞭性にこだわるからである。ここにも、二項対立のなかで一方の半面を排除したがる意識の特性がにじみ出ている。しかし、夢のなかで、永遠の約束の想起のような、矛盾や葛藤を超えたパラドックスがひとたび経験されるや、その両義性はたちどころに癒し・救い・闡明をもたらすことになる。

セルフが導く個性化

夢は多様なメッセージを意識に届ける。その作り手は集合的無意識のどこにいるのだろうか。そして、メッセージを発信し続けることで、いかなる目的地にたどり着こうとしているのだろうか。それを知るためには、集合的無意識の構造を理解しなければならない。最も重要なのは、集合的無意識がたくさんの元型で構成されているということである。元型とは、万人に共通する古くからの心の動き方の範型《パターン》。比喩的にいうなら、心の本能的な動き方の数々である。集合的無意識には、さまざまな状況に対処する心の動き方のパターンがあらかじめ無数に用意されている。

ただし、今は便宜上「心の動き方」と述べているが、それらは厳密には「類心的」(Jung, 1952, 1954a) である。つまり、心理的な面での働きのみならず、身体的（物質的）な面での働きも併せもつ。それゆえ、何かの拍子にある元型が強く活性化されると、時を同じくして、心と身体に（場合によっては周辺の物質にも！）見えないつながりを感じさせる複数の事象が起きることがある。たとえば、おじいさんの命が尽きた瞬間に、かつておじいさんの誕生祝いとして購入された古時計が不意に時を告げて止まる。これを共時的現象と呼ぶ (Jung, 1952)。

ところで、代表的な元型には名前がついている。たとえば、思春期心性と呼ばれる心の動き方のパターンを司る元型はプエルという。また、母親的な心の動き方はグレート・マザー元型の働きによって現れる。人の生においては、多種多様な諸元型のうちのいくつかがつねに活性化された状態にある。自我は知らず知らずのうちに、そうした元型に備わっているパターンによって導かれている。そうであってこそ、よるべなき状況も乗りきっていけるのである。

柔軟で適応性のある自我は、みずからが同一化して依拠する元型を、時と状況に応じて臨機応変に変えていく。活性化されている元型も、さまざまなきっかけで変わっていくからである。そのような変化を生起させる「きっかけ」となるものは、なにがしかの外的な状況である場合もあるが、むしろある内的な力の作用であることも多いだろう。この「ある内的な力」とは、セルフと呼ばれる元型を指す。

元型の数多しといえども、最も重要で中心的な位置を占めているのがセルフである。それゆえ、セルフは、「中心の元型」とか「元型のなかの元型」などとも称される。諸元型の働きのすべてを統轄する、集合的無意識の機能的な中心と考えてよい。ユング心理学では、人の心身の生涯にわたる成長のプロセスを個性化というが、ほかならぬセルフこそが私たちの個性化を目的地まで導く力の本体である。

私たちはふだん、自我のことを「私」だと信じているが、それはまちがっている。錯覚にすぎない。少し前にも述べたように、心＝意識ではなく、実際には心≠集合的無意識である。だから、集合的無意識の中心としてのセルフは、心全体の中心に相当することになる。つまり、セルフこそが「私」の中心、ほんとうの「私」、全体としての「私」である。自我はあくまでも、意識という限定された狭い領域だけの中心にとどまる。

ほんとうの「私」はセルフだが、それは集合的無意識のなかにある。無意識である以上、セルフを直接に見たり触ったりすることはできない（セルフにかぎらず、元型は不可視の結晶軸のようなものであり、そこにさまざまな心的要素が寄り集まらないことには、知覚の対象にならない。つまり、私たちが実際に体験しうるのは、元型「的」なイメージだけである）。したがって、私にとって、ほんとうの「私」は絶対的な他者である。

そのような根源的なパラドックスに満ちたセルフが、自我にはまったく先行きの見えない不確定な生のプロセスを先導しようとしているわけである。しかしながら、セルフの指し示す方向や方法は、自我には不可解に映ることも多い。前章で紹介した、グリーンランドのイヌイットに関するエピソードを思い出されたい。彼らは、何の保証もない根拠不明の「大きい夢」に従って、真冬に大西洋を横断して「約束」の地にたどり着き、全滅の危機から逃れることができたのだった。

セルフは集合的無意識の一部なので、時間や空間に縛られることがない。偶然を左右するほどの、自我が足もとにもおよばない力をもっている。セルフは超越的なのである。長谷寺や清水寺や石山寺の観世音菩薩、熊野三山の熊野権現、あるいはエピダウロスのアスクレピオス神のような、常識的な価値観から懸け離れた夢を通して奇跡的な癒し・救い・闡明の力を発揮する超越的存在は、セルフの投影されたイメージにほかならない。

セルフが個性化を目的地まで導く、と述べた。個性化の目的地は、文字通り、「個」の完成である。個とは、本来の構成要素がすべて揃った最小単位を意味する。構成要素のうちの一部でも欠けていたら、それは断片でしかない。一方、個には構成要素がすべて揃っているのだから、一つの「全体」と見なすこともできる。言い換えれば、個は全体性を備えている。個性化は全体性の実現を目指すプロセスである。

少しちがう角度から見るなら、私という存在が個になることは、セルフ（≒心身の全体）が実現されることにほぼ等しい。全体性の象徴であるセルフ、つまり自己が実現されることが個性化である。重要なのは、コルク片にも等しい自我ないし意識がそこに有機的に組み込まれていることだろう。自我とセルフが堅固な絆を結び、建設的なよい関係を構築できれば、そこに私の「個」が成立していく。無意識から発せられる夢のメッセージを受けとめることはそのために役立つ。

第四章

夢の展開（一）——個性化の課題と神秘的融即の両面性

「夢うつつ法」についてのただし書き

私たちの目標は、夢が癒し・救い・闡明《せんめい》をもたらす仕組みを探求することにある。その仕組みは、忘れていた約束の想起と密接なつながりがありそうで、探求のためには、個性化の極限を透かし見ることが必要かもしれない。夢分析は症状や問題が解消したら終結となることも多いが、夢の働きはそこで止まってしまうわけではない。個性化のプロセスは終生、続いていく。なかには、症状や問題の有無や消長とは無関係に、個の実現ないしは完成を目指して歩むという目的だけに絞ってなされる夢分析もある。

そのような場合、夢は、個の消失に向かう状態、個のまさに消失しかけんとする状態さえ、非常に印象深く鮮やかに描き出す。ときには、個性化のプロセスのさらに先を示しているのではないか、と思わせる夢もある。たとえば、ユングが自伝のなかで紹介している自分自身の見た夢に、次のような興味深いものがある（Jung, 1971/187）。

夢のなかで、ユングは山道を歩いていた。行く手に小さなチャペルがある。近づいてみると、扉が少し開いている。そこで、ユングはそっと内部を覗いてみた。不思議なことに祭壇にキリストの像はなく、かわりにその前でひとりのヨーガ行者が瞑想していた。行者はユング自身にそっくりだった。そのとき、ユングはこう直観した。自分はこの行者の見ている夢なのであり、行者が目覚めたときに消えてしまうのだ、と。

この夢は、個の意識（人間の意識）がもはや存在せず、神々の意識のみになるような段階を描き出しているように思われる。そこには、個が消失した瞑想中のヨーガ行者の意識状態しか存在していない。それは神々の見ている夢である。臨床心理学や深層心理学の守備範囲がどこまでかはともかくとして、夢の射程はこのように途方もなく遠いところをもカバーしている。

とはいえ、それはやはり稀なことで、ふつうに夢を見ているだけではなかなかそこまで視野に入ってこない。経験的にいうなら、個性化のプロセスの彼方まで見はるかすには、自分の探求したいテーマに沿って夢を見る、いくぶん特殊な夢分析の技法を用いるのがよいと思う。そのためのオリジナルな技法がある。「夢うつつ法」（老松、二〇一八）というこの技法を使うには、絵画療法や箱庭療法などについての基礎的な知識と経験があればおおむね足りる。

むろん、夢分析特有の若干の習熟があるにこしたことはない。ユングの夢で、個の消失した行者とその行者の夢のなかで個としての意識を保っている夢見手との併存が必要だったことからも、それはわかる。そこには、夢見手の絶妙な距離感覚とバランス感覚があった。夢分析を続けているとおのずから醸成されてくる感覚である。経験が乏しくても、この技法に慣れ親しむうちに徐々に身についてくるだろう。

努力の必要があるとすれば、夢のなかに含まれる個人的要素をできるだけ減らすことに関してである。個人的要素の多い夢は、私たちの目的には使いにくい。つまり、少し深めの水準の夢を見ることが求められる。そのほうがものごとの本質を掬い取りやすいからである。反面、深い水準の夢になると、インパクトが強くなる分、心身に影響がおよぶ可能性も出てくるが、そこまでの深さを求めているわけではない。

たとえば、夢の記録をはじめてからしばらくのあいだは、自宅や自分の会社や学校、あるいは家族や友だちなど、実在する場所や人物がしょっちゅう登場する。ところが、根気強く記録を続けているうちに、そういうことが減ってくる。ドラマの舞台や関わる相手が、夢のなかでは知っているが実在はしない場所や人物になってくるのだ。夢の水準は少し深まっている。それで充分である。

もう一つの必要な努力は、古代や中世の夢待ちの場合と異なり、現代の夢分析における夢はお告げではないということに関係がある。前にも述べたように、無意識からのメッセージには、意識の偏りとは反対向きの偏りがある。すべてを受け入れてはいけない。夢をどう理解し、そのメッセージをどこまで諾《うべな》って受け入れるか、どこからは留保したり拒んだりするか。その判断は夢見手自身にゆだねられている。したがって、相応の積極的なコミットメントが求められる。

夢うつつ法は、夢がもたらす癒し・救い・闡明の背後にある、忘れていた約束の想起の様相を探求するのに適している。以下、数章にわたって、この方法による一つの事例を提示する。本書の目的に鑑みて、今は技法の説明を行なわない。説明は最終章まで待ってほしい。それでも困らないはずである。提示する事例の夢は、集め方が少し特殊ではあるものの、理解の仕方については通常の夢の扱いと同じと考えてもらってよい。

事例の紹介

ここでの夢分析のアナリザンドはUさん、四〇代の既婚男性である。Uさんは会社員で、若干の神経症傾向があるものの、社会適応などは良好で、おおむね健常と考えてよい。ただ、生活上の問題をいくつか抱えている。

いちばん困っているのは、高齢の母親との不仲である。

Uさんの母親は、早くに自身の母親と死に別れた影響もあってか、若い頃からかなり重い神経症状態にあった。とくに不潔恐怖が顕著で、Uさんも含めて家族はみな、母親が納得するような「不潔防止対策」の実行を強いられた。たとえば、何かを買って帰宅すると、それを玄関先で徹底的に洗ったり拭いたりして、不潔な物を家のなかに持ち込まないようにしなければならなかった。

いうまでもなく、外の「ばい菌」に汚染されているのは物だけではない。外出していた家族もまた不潔と見なされ、帰宅するや否や、着替えか入浴をすることを余儀なくされた。そうしなければ、何をするのも許されない。万が一、この手順をごまかそうものなら、母親は烈火のごとく怒り、幼いUさんは罵詈雑言を浴びせられるばかりか、叩かれたり蹴られたりもしたという。今日であれば、虐待通告ものである。

外界に対する母親の敵意は強く、その被害妄想様の人間観をUさんは子どもの頃から執拗に聞かされて育った。Uさんはさいわい、思春期前の比較的早い時期に母親の病的な傾向に気づき、精いっぱい反抗することでわが身を守ってきた。大学進学を機に実家を離れたときには、心の底から安堵を感じたという。その後、影の薄かった父親が亡くなり、母親はひとり暮らしになったが、Uさんが実家に近づくことはほとんどなかった。

齢《よわい》を重ねるとともに、母親は身体面でも持病を抱えるようになった。性格の偏りはますます先鋭化し、強迫傾向や世間への不信は強まるばかりである。Uさんとしては、独居の病身な老母を放っておくわけにもいかないが、かといって、近づけばかならず激しい口論になってしまう。冷静におとなの対応をしようと努めても、そうは問屋が卸さない。母親に少しでも考え方を変えてもらおうと策を弄したこともあったが、試みはことごとく水泡に帰した。

万策尽きたUさんは、母親を変えるのが無理なら自分のほうが変わるしかない、と考えるようになった。しかし、どうしたらよいのか、皆目見当がつかない。とりあえずは今の自分をよく知ることからはじめようと、深層心理学の専門家への相談を思い立った。そのようにして、夢分析がはじまる。Uさんはある種のセンスに恵まれていたので、開始から一年ほどのあいだに自身のあり方や母親との関係性について一定の洞察を獲得し、個性化の進展も経験した。

しかし、母親との現実的な関係にはいまだ変化が見られない。そのため、Uさんは、みずからの個性化のさらなる進展が必要と考えた。それに対して分析家（著者）が提案したのが夢うつつ法である。すでにUさんが夢分析を経験しているので導入しやすいということもあったが、それ以上に、今後の個性化の方向性に関する展望をUさんに与え、変容を深化させることができるかもしれない、という期待がおもな理由だった。

Uさんは、ここでいわば仕切り直しをし、数カ月をかけて計二四個の夢を報告した。今から全四章にわたってそれらの夢を提示するが、プライバシー保護のために、内容には必要最小限の改変が施してある。また、漢字や仮名について若干の表記の統一を行なったことを断っておく。それぞれの夢を提示したら、続けて、著者による解釈と小考察を記す。本書で注目するのは、集合的無意識由来のイメージである。それゆえ、解釈と小考察は、夢の非個人的、超個人的な側面に焦点を絞る。

このような側面の探索には、適宜、拡充法を用いることとする。拡充法とは、夢に出てきたのと似たモチーフが含まれる神話、おとぎ話、儀礼などを参考にしながら、イメージをふくらませて、すなわち拡充して、夢の隠された意味を見極めるユング派の方法である。夢の元型的側面の理解に力を発揮するだろう。二四個の夢の検討が終わったら、最後にすべてを総合して、夢による癒し・救い・闡明と「約束の想起」のつながりを考えることにしたい。

拡充法を用いるので、夢の解釈には、いきおい、神話学的、宗教民俗学的な色合いが濃厚になる。その方面になじみがないと、はじめのうちは少し読みづらいかもしれない。しかし、夢の用いる言葉、あるいは無意識の使う言語は、そのようなものである。神話、宗教、民俗などに対する関心が現代の人々のなかから急速に薄れつつあることは、私たちが無意識のメッセージから離れてしまったこと、夢のもつ癒し・救い・闡明をあらかた失ったことと軌を一にしている。せっかくの機会なので、無意識や夢の言葉になじんでほしい。私たちのほんの少し前の暮らしに思いを馳せてみればよいのだ。今ならまだ間に合う。

新たな夢分析の開始

Uさんが仕切り直しをして最初に見た夢は、以下のようなものだった。

夢1　私は死者を甦らせる仕事をしている。屋内で、今は横たえられた遺体をていねいに浄めている。部屋のなかは薄暗く、大きな窓がある。窓は全体が白く、外はとても明るいが、光はほとんど差し込んでこない。私から姿は見えないが、同じ作業を窓のすぐ外でしている者もいる。また、屋外の遠く離れたところでしている者もいる。みな、それぞれで黙々とやっている。作業をするには、この三通りの場所があるのだが、それらは作業の段階などとは関係がなく、やろうと思えばいずれの場所でもやれる。おのおのが自分のいつもの場所で作業しているだけのこと。ただし、私の作業している屋内が最も格が高い。私は、ここがいちばん繊細なことができると思っている。

いきなり、非常に印象的な夢である。夢をシリーズで見ていくにあたっては、初期夢を重視しないといけない。初期夢は、扱うべき問題の全体像、必要とされる対応、今後の展望などをコンパクトに凝縮して見せてくれることが多いからである。今度の試みにおいては、仕切り直し後まもない時期のいくつかの夢を初期夢と呼んでよい。夢見手はここで、アスクレピオスばりに、「死者を甦らせる仕事」をしている。初期夢の凝縮性という観点から見るなら、「死者を甦らせる仕事」が今度の試みの核心部分であり、また個性化そのものの要諦なのかもしれない。

ここで死者のためになされている仕事は、鎮魂と呼んでよいだろう。鎮魂とは通常、死者を弔い、魂を慰めて鎮まらせることを意味する。しかし、鎮魂の本来の語義は、ちょっとした拍子にふらふらと遊離してしまいがちな魂をしっかりと身体に固定することである。浮わついて揺れる魂の頼りなさは、たとえば「魂消《たまげ》る」といった表現にも見て取ることができる。今から、その方向で少し拡充法を試みてみよう。

魂の遊離しやすさは、なるほど心許ないけれども、一方で、その入れ替えやすさ、交換のしやすさを意味している。新たにどのような魂がくっついたか（あるいは、くっつけられたか）によって、その人の特性が左右される。強くもなれば弱くもなり、高貴にもなれば卑しくもなる。ごくふつうの魂でも、新鮮であれば、くっついた人に活気や健康をもたらす。古びてしまった魂は、新しいものと交換する必要がある。

一般に、生者の魂は一年ほどで擦りきれてくる。だから、毎年、大歳《おおどし》（大晦日）などに新しいものと交換する約束になっている。一年を消費期限とするような魂を「歳魂《としだま》」というが、正月にお年玉を贈りもらう風習の起源は、こうした元型的な観念にある。ちなみに、正月に不老長寿を願ってお屠蘇《とそ》（字義は、死者を甦らせる）を飲む習慣にも、類似した観念にもとづく部分があるだろう。

魂の定期交換のために訪れる神は、「歳どん」、「歳爺さん」、「歳徳《としとく》さん」など、さまざまな名前で呼ばれている。小正月（豊作や家内安全を願う初の満月の日、一月一五日頃）に高い竹竿を立てて門松や注連飾《しめかざ》りなどを焼く行事「左義長《さぎちょう》」の異称、「とんど」、「どんど」は「歳どん」に由来するともいう。昔話「大歳の客」では、大晦日の晩に得体の知れない旅人が貧しい夫婦の家にやってきて、一夜の宿を乞う。いうまでもなく、歳神さまである。

家の者は、まともに年を越せそうにないほどの赤貧のなかで、精いっぱいのもてなしをする。翌朝、旅人の姿はなく、うずたかい大判小判の山に変わっていた。おかげで夫婦は新しい年を生きていけることになった。この昔話には異型も多い。ある異型では、やはり大歳の晩に旅人の一団がやってきて、棺桶を預けていく。夫婦はなけなしのお金で線香を買い供養する。数日たっても引き取りに来ないので、桶を開けてみると、大判小判がいっぱい入っていた。

大歳にかぎらず、時を定めて訪れる遠来の神を、折口信夫（一八八七～一九五三年）は「まれびと」（＝客）と呼ぶ（折口、一九三〇／一九三一）。まれびとは、迎えられ歓待されると、その土地の精霊たちに対して呪言《じゅごん》を発する。威力ある言葉によって、精霊たちがその村や家々の者に安寧や繁栄をもたらすよう、約束させるのである。それはまた、人々に対するまれびとの約束であり、新しい歳魂（まれびとの持ち来たったみやげ）の授与とも見なされる。

図13　仮面来訪神
石垣島のマユンガナシ

こうした観念を実体化して見せるのが、正月、小正月、節分（立春の前日）といった年越しの祭に、どこからともなくやってくる獅子舞や春駒といった寿祝《ことほ》ぎの芸能の民であり、地元の村人が仮装した神や鬼である（図13）。遠路はるばる来訪する神の代表は、石垣島のマユンガナシ、アカマタ、シロマタ、クロマタ、悪石島のボゼ、甑島《こしきじま》のトシドンなど。鬼の代表は、男鹿のナマハゲ、能登のアマメハギ、宮中の追儺《ついな》の鬼などだろうか。わが国の仮面

図14　翁

図15　三番叟

来訪神の民俗がユネスコの無形文化遺産に指定されたことは記憶に新しい。

旅の芸能から派生したものとして、能の「翁《おきな》」（式三番《しきさんば》）にもふれておかなければなるまい。「翁」はとりわけ正月や慶祝行事の冒頭に演じられる曲である。はじめに神さびた白い面《おもて》の翁（白式尉《はくしきじょう》）が現れて、「とうとうたらりたらりら……」とはじまる天下泰平の呪言を発して舞う（図14）。一方、あとから登場する老人、三番叟《さんばそう》（三番三）は、黒い面の老人（黒式尉《こくしきじょう》）で、翁の呪言にいくばくか抗いながらも、同様に五穀豊穣の予祝《よしゅく》を行なう（図15）。ここには、まれびとと精霊の約束を見ることができる（折口、一九三〇／一九三一）。「三番叟」は歌舞伎や文楽などでも演じられる。

夢見手のしていることは、「大歳の客」の棺桶を預かった主人公のそれであり、年越しの祭に関与する芸能の民や地元の村人のそれに近い。すなわち、鎮魂である。彼らは訪れた家々の前庭（正確には門《かど》と呼ばれる家の前の広い空間）で酒をふるまわれたり布施をもらったりするが、座敷に招かれて神棚や仏壇の前で丁重な接待を受けることもある。夢見手の作業は屋外、軒下、屋内のいずれでもできるが、「屋内が最も格が高」く「いちばん繊細なことができる」というのは、当然といえば当然のことかもしれない。

夢見手は、自身の内界に横たわっている死者を甦らせなければならない。死者の性別や歳の頃などは不明。夢見手自身かもしれないし、ポジティヴな母親像かもしれない。あるいは、忘れられてしまった約束のことなのだろうか。少なくとも、甦らせるという約束を死者と交わしたようである。誰の心のなかにも、生きている部分（意識）と死んでいる部分、あるいは眠っている部分（無意識内の諸要素）がある。個性化のためには、後者に意識を向けて前者に組み込む必要がある。すると、それが意識に使用可能なリビドー、つまり新たな生のエネルギーに変容する。大判小判で象徴されているものがそれである。

前者が後者の存在を認めて受け入れれば、両者が混じり合って人格が再構築される。それは、生きている部分にとって、自身が死ぬことに等しい。旧年中の従来の自分は死ぬ。しかし、絶後に甦ったとき、心は全体性の実現に近づく。新年になる。死者が甦ると、夢見手が作業をしている薄暗い部屋にも、光が差し込むかもしれない。無意識的なものが優勢だった昏い領域が、最初の意識の光によって切り開かれると、そこが個性化の出発点になる。尖鋭ではあるがいまだ脆《もろ》くかすかなはじめての光の誕生。それを最も敏感に捉えうる場所が、この薄暗い部屋である。生と死の隔壁が薄いこの場所は、死んでは甦り、甦っては死ぬためにある。その秘められた鍵となるのが、まれびとによる約束（予祝）であるらしい。

もう一つのはじまり

夢1は、初期夢中の初期夢である。重要な情報がぎっしり凝縮されて詰まっており、秘められている意味を容易に読み取れない。初期夢をすっかり理解できたら、それだけでセラピーが完了したも同然、といわれる（Jung, 1997）ほど濃密なのである。そこで、拡充法を駆使して、畳み込まれている大量の情報を少しくどいくらいに展開させてみたが、どうだったろうか。これでも充分ではない。理解の至らない部分がある。だからこそ、私たちは、つねに初期夢の謎に立ち戻って検討を繰り返しながら、地道に目的地を目指すことになる。

Uさんの第二の夢を見れば、さらなるヒントが得られるだろうか。

夢2　ある団体のなかで、所属している多数の人たちのために会計の役目をひとりでしないといけない。広いホールのような空間を埋めつくさんばかりに、たくさんの人たちが入ってくる。そして、各人がそれぞれに私のところへ支払いに直行してくる。自然発生的な秩序がある程度あって、非常識な人もほとんどおらず、みな落ち着いて行動しているので、仕事はそれほど焦ることなしにぎりぎりこなせる。しかし、なにしろ人数が半端ではないため、休む間はまったくなく、とても忙しい。しかし、近いうちに、全体をシステマティックに誘導して効率的に事が運ぶようにする仕組みが取り入れられることになっている。そのことを私は知っている。それがあるので、今は忙しくても、冷静に仕事をこなせる。

いかなる団体かは詳らかでないが、広い空間を埋めつくさんばかりの大群衆が、意図的に統制されずとも秩序正しく行動している。何か共通の規範をもっている人々なのだろうか。たとえば、広く普及しているスポーツや芸道の大会であるとか、どこかの宗教団体の大祭であるとか、その集団に関する想像はふくらむ。会計係はそこで金銭のやりとりを行なう。交換可能で人を動かす力をもつ金銭は、先ほども述べたように、心的なエネルギー、リビドーを象徴していることが多い。夢見手は、リビドーの流れの整理ないしは整序を、集団のために行なっているのである。

これほどの規模の集団が登場していることから、集合的な力が活動しはじめているのがわかる。おそらく、集合的無意識が特定の方向に目標を定めて動き出したのだろう。個性化のプロセスのスタートである。集合的無意識のエネルギーは無尽蔵といってよい。その莫大なエネルギーが夢見手、つまり自我による差配を通して、意識の自由に使えるものになる。夢分析によりそれが可能になるとすれば、まことに画期的である。

無意識という肥沃な大地を忘れて、根こぎ状態になってしまった意識は、エネルギーの供給路を断たれ、いつか力尽きて涸れはててしまうだろう。それゆえ、無意識との新たな交流チャンネルが開かれることは喜ばしい。ただし、押し寄せる人々を捌《さば》き続けなければならない自我はフル稼働状態で、危うい綱渡りを強いられている。無意識のもつエネルギーは強力なだけに、一つまちがえると破滅的な事態にもなる。

それにしても、これら無数の人々、つまり集合的無意識は、何を求めて殺到しているのだろうか。無意識がつねに強く希求しているものといえば、もう決まっている。意識化である。自我が無意識の意識化に努めないようなら、無意識はたとえば心身の病に姿を変えてでも自我のもとを訪れる。臨床の現場では、病を得てはじめて内界を見つめるようになる人をしょっちゅう目にする。

無意識は、みずからが意識化されるためなら、それくらい手段を選ばない。もちろん、意識が相当に偏狭で頑固な場合にかぎってのことではあるが。意識化への道を閉ざされた無意識は、陽の当たるところへ出るチャンスをつねに窺っている。そして、ひとたび、みずからが意識化されうるチャンネルを見つけたなら、無意識はその隘路《あいろ》に殺到する。夢見手はそのような事態のなかにいる。

無意識とは異界、いわば死者の国でもある。無意識の領域に住まいする者にとって、意識化されることは、この世の現実のなかに生を得るのに等しい。自我が担うべき作業は、夢1にあった「死者を甦らせる仕事」そのものである。その仕事は、無意識を甦らせるだけではない。最前も述べたように、力尽きて涸れかけている意識ないし自我のほうも、莫大な心的エネルギーを潤沢に供給されて息を吹き返すことになる。

群衆が隘路に殺到しながらも一定程度の秩序を保っているのは、夢見手が今回の夢うつつ法以前から夢分析を続けていたおかげかもしれない。ただし、通路はいまだ充分に広いとはいえない。さいわい、近日中に効率的なシステムが導入されるらしい。狭かった通路が、夢うつつ法の導入で拡張されようとしているのだ。今回の新たな夢分析の試みは、無意識にとって、千載一遇の好機に見えることだろう。試みが軌道に乗り、個性化が進展する予感である。

扉の向こうへのエージェント

次は、Uさんの三つ目の夢である。まだこれも初期夢の範囲内と見なしうるので、もうしばらくはできるだけていねいに検討しよう。夢は以下のようなものだった。

夢3　和室の押し入れのなかにしまってある何かだいじなものを取り出すよう言われる。私にそういった人は取り次ぎ役のような感じの人。命じた張本人が誰なのかはわからない。でも、その取り次ぎ役でも充分、威厳ある感じの人。きっとその人が自分で出すほうが早いだろうにとも思うが、どうやら、そのように言われた私が出すのがよいらしい。取り出そうとしてあらためて押し入れを見ると、紙でできた引き戸の押し入れだったはずなのに、いつのまにか立派な白木の観音開きの扉になっている。場所も和室ではなく、明るく広い石畳の路を遮るように立つ門みたいな扉である。扉を開くと奥に広い空間があり、そこにぽつんと小さな箱が置いてある。白い布で包まれているその箱を持ち上げ、こちら側に取り出す。

和室の押し入れだったはずのところに出現した、立派な白木の扉。その向こうには、静まりかえった空間が広がっていた。しかも、白い布で包まれた小さな箱を安置しておくためだけに用意されたらしい広い場所である。この箱といい、空間の設えといい、特別な感じがする。箱には神聖なものが入っている印象があるし、何もない静かな空間の広がりは結界の内側の聖域を思わせる。どういうところなのだろうか。

この静謐《せいひつ》な空間に関して、拡充的な連想として私の脳裏にまっさきに浮かび上がってくるのは、伊勢神宮の古《こ》殿地《でんち》・新御敷地《しんみしきち》（図16）である。二〇一三年（平成二五年）に伊勢で執り行なわれた式年遷宮は、今も記憶に新しい。伊勢の遷宮においては、正宮《しょうぐう》（内宮《ないくう》・外宮《げくう》）のみならず、すべての別宮《べつぐう》（瀧原宮《たきはらのみや》、伊雑宮《いざわのみや》、倭姫宮《やまとひめのみや》など、一四社ほど）が建て替えられる。新しい社殿が建てられる場所は、正宮においても、別宮においても、それまでの社殿地に隣接する土地である。

図16　倭姫宮の新御敷地
倭姫宮は伊勢神宮の別宮の一つで、神宮同様、式年遷宮が行なわれる

つまり、遷宮は、隣り合った二つの土地のあいだを行ったり来たりするかたちで行なわれる。それゆえ、つねに一方の土地は結界された平坦な更地になっていて、次の社殿が造営されるのを待っている。この空き地が古殿地とか新御敷地などと呼ばれる。正宮を建てられるだけの空間がぽっかりとあるのだ。そこには何もないが、ただ一つ、小さな小さな祠《ほこら》がぽつんと置かれている。それは、次の正宮の中心となる位置を示す。

一三〇〇年にわたり、莫大な費用と膨大な労力をかけて続けられてきた遷宮は、常若《とこわか》、みあれ（神の誕生・顕現の意）と呼ばれる古くからの観念にもとづく営みである。そこには再生の約束がある。すなわち、死んでは生まれ変わることをつねに繰り返して、神々の生命力と活力を永遠の現在に保ち続けている。興味深いのは、遷宮が、以上のように、表と裏のごとき一対の中心のあいだを往復しながら連綿と執り行なわれてきたことである。

夢における小さい箱の移し替えは、どこかしら、遷宮の象徴的意味に符合しているように感じられる。ユングが見た、瞑想するヨーガ行者の夢を思い出してほしい。ユングと行者は容貌がそっくりで、いわば一対だった。自我とセルフ、あるいは意識の中心と無意識の中心は、たがいを必要とし合う一対である。Uさんの夢における不可視の中心のあいだのやりとりには重要な意味があると考えてよい。

自我とセルフのあいだには緊密かつ創造的なつながりが不可欠で、自我 - セルフ軸と呼ばれる。この軸があやふやだと、心は一つの全体として機能しえないが、その確立には、かなり厳しい内的作業を必要とする。というのは、たがいに、見えない相手の意義と権威を認め、みずからを相対化できなければならないからである。個性化の目的は、全体性の成就だが、自我 - セルフ軸の確立にあると言い換えてもよい。

たがいを必要とし合う一対を結ぶもの

ところが、自我がみずからを相対化するのは難しい。なにしろ、自我は意識の世界の支配者として君臨し、現実における判断と実行を全面的に取り仕切っている。相応のプライドもあるし、合理的に割り切る傾向が強いので、無意識の存在を無視することが多い。しかるに、自我はもともと、無意識が生み出した産物である。つまり、セルフが現実の煩雑なあれこれに対処するためにこの世に派遣した、後発のエージェントにすぎない。

なるほど、自我は有能である。非常に切れがよい。けれども、何度も述べてきたように、ものの見方の偏りをともなっており、無意識によってそこを補償される必要がある。自我はおのれのそういった傾向や特性を素直に認めなければならない。それができたとき、ほんとうの意味で、セルフのエージェントとしてふさわしいものになる。自律性を尊重され、敬意を払われるような、心全体真の中心（セルフ）の機能のほんものの代行者になれるのである。

真の中心には超越的な力が秘蔵されている。その気配を感じ取り、意識を向け、扉を開くことが必要らしい。この初期夢が示しているとおり、個性化の目的地には、畏怖すべき静けさをもった中心がある。ここでは、背後ないしは奥に隠されている真の中心とのつながりの構築が課題のようである。新たに構築するというより、たがいを必要とし合う一対のあいだに古くからあった約束の確認というべきか。そのときには、夢見手自身が「威厳のある」「取り次ぎ役」になっているだろう。

さて、Uさんが見た四つ目の夢は次のようなものだった。

夢4　所属している団体のプロモーション活動を比較的若手の同年代七〜八名でしている。私もそのひとり。一〜二名ずつに分かれて、それぞれが異なる面を異なる方法でアピールしている。ただし、四名ほどのグループも一つある。今はそのための練習で、おたがいがおたがいに自分の行なうアピール方法を披露している。だいたい、まとまりはある。とくに批判も出ず、なごやかに進んできた。最後に四名グループがみなでそろって説明をする。内容的にはそれまでのと大差ないが、どういうわけか、この四名に対しては、残りのみなが思いきりつっこんでいじる。私もそれに加わっている。悪意のない冗談で楽しんでいる。

この夢では、比較的若い人たちが所属団体のエージェントとしての役割をしっかりはたそうと、それぞれに努力している。意識と自我が、集合的無意識ないしはセルフによって生み出されたエージェントであり、後発で若

図17　胎蔵曼荼羅（東寺蔵『伝真言院曼荼羅』より）

いことは、前節で述べたとおりである。おそらく誰もが団体の長所やメリットばかりをアピールする工夫を競っていたのだろうが、終盤になって、そのような一面的な態度を混ぜ返すような異論が飛び出している。

　意識につきものの一面的な価値観の偏りにみずから気づいて、それを修正するよう、たがいに切磋琢磨している。夢が補償的な働きを担うことから考えると、そのようなところがまだ少し足りないから気をつけなさい、という無意識からの助言ないし警告のメッセージを自我がしっかり理解して受け取る必要があるのだろう。夢見手は、なぜ同僚たちが最後のグループに対しては「つっこんでいじ」っているのか、まだよくわかっていない。それは「どういうわけか」という一言に現れている。

　とはいうものの、夢見手は同僚に引っ張られるようにして、「悪意のない冗談で楽しんでいる」。一般的には、集団への同調は個性化という方向性に逆行するのだが、ここでは、そうすることがかえって建設的に働いているらしい。夢見手はそれによって多角的なものの見方や考え方を身につけようとしているようである。

　若手の同僚たちは八名ほどで、そのうち最後のグループが四名だというところもおもしろい。四や八は全体性を象徴する数として知られているからである。たとえば、基本方位が東西南北の四つになっていること、新約聖書が四つの福音書（マルコ、マタイ、ルカ、ヨハネ）で構成されていること、また、すべての手立てが断たれた状況を「八方塞がり」ということ、胎蔵曼荼羅（図17）の中核部分が中台八葉院《ちゅうだいはちよういん》という八弁の蓮華であること（この点は第六章で説明する）、等々。例をあげればきりがない。この夢のように意識や自我の属性が四や八で表現されるのは稀なことで、偏りのない正統なエージェントとしての本来的なあり方が先取りされている。

神秘的融即の危険性

ついで、Uさんが報告した五つ目の夢をあげる。

夢5　イベントへの参加を予定している場所に、交渉か打ち合わせをしにバイクで向かう。暑いので軽装で運転している。しばらく行くと、路上（生活道路）が騒然としているのが見える。途中に雀蜂が大量発生しているところがあると聞いたのを思い出す。近寄ってみると、案の定、雀蜂の群れが団子状になって路上を激しく飛び交っており、まわりの人たちは「危ない」などと口々に叫びながら遠巻きにしている。そこを通らないわけにはいかないので、群れの境界ぎりぎりのところをバイクでゆっくり走りながら、一、二匹、むきだしの脛で払いのけて出方を見る。すぐに襲ってくるかとも思ったが、あちらも様子を見ているよう。しかし、すでに群れ自体がひどく興奮していて、今にも襲ってきそうなので、ひとまず、近くにある自宅（旧宅）に寄る。家人に現在の家から車で来てくれるよう頼もうと思ったのだ。車なら群れのなかを突っ切れるから。この旧宅は、もう長らく使っていない、今は空き家同然だが、家具などはそのままあるので、また暮らそうと思えばいつでも暮らせる状態。とりあえず、トイレ。お世話になっている先生にもこの情報を流そうかと思っている。

夢見手は、雀蜂の大群を回避するため、いったん近くの旧宅に立ち寄り、そこからあらためて目的地を目指す。つまり、あたかも「方違《かたたが》え」のごとく、危険な方角は避け、ひとまず安全な方角に行ってかわしてから、しかるのちに向きを変えて当初の目的地に至ろうというわけである。くわえて、バイクから自動車への乗り換えを考えるなど、物理的なガードも堅固なものにしようとしている。

ユング心理学の観点から見ると、この夢の中心的テーマは、群れによって象徴される集合的な生との不用意な接触によって生じる危険への関わり方、対処の仕方にある。雀蜂は個としての特性をほとんどもたず、女王を頂点とする自然の社会秩序そのままに、集合的な一体性のなかで生を営んでいる。個体同士は離れていても見えない連絡網でつながっており、一匹に起きた事象がまたたく間に群れ全体に波及するのだ。そのような生は、本能的な約束とでも呼びたくなるような安心をもたらす反面、恐ろしい落とし穴を隠している。

この夢では雀蜂が登場しているが、人間の場合にも、個の境界がほとんどなく相互に融け合った（融即した）集合的な生の状態はありうる。文化人類学者ルシアン・レヴィ - ブリュール（一八五七〜一九三九年）は、それを神秘的融即と呼んだ（Lévy-Bruhl, 1912）。原始的な心や退行した心は、そういう状態になっている。退行とは、心の成長が一時的に逆行して、より未分化な状態に戻る現象である。極端な場合には、赤ちゃん返り、先祖返りとなる。いったんは多少とも分離していた自と他が再び一体化してしまう。

こうした自他未分化なつながりは、同じ種の個体同士のあいだのみに起きるわけではない。森羅万象と融け合うこともある。そうなれば、自分と自分でないものの区別が曖昧になるので、草木が言問《ことと》い、石が語りはじめる。枯れ尾花は幽霊として迫ってくる。もっとも、万事が不気味な体験になるとはかぎらない。いっさいの存在と以心伝心で通じ合い、世界との幸福な一体感に包まれたりする場合もあるからである。ともあれ、この夢には、神秘的融即に巻き込まれることの危険性が見て取れる。

成長の過程で少しずつ神秘的融即の霧は晴れていく。ユングによると、のちに「心」の構成要素になるものたちは、当初、神秘的融即のなかで世界のあれこれとの区別もなく散らばる無数の断片である。それらがゆっくりと一つに集まって凝り固まり、内に意識がかたちをなしはじめる。未熟ながらも個の原基ができてくるのである。しかし、それから個が確立されるのに長い時間がかかることはいうまでもない。

端的にいえば、心はもともと外にあった（Jung, 1997）。ただし、正確には、その頃はまだ内も外もなかったのだが。この点についてはあとでもふれることになるので、今はこれを「原初の心の外在論」と呼んでおこう。個性化のプロセスのなかで、心は、神秘的融即からの離脱と逆戻りをしょっちゅう繰り返す。内に凝り固まってあったかと思えば、気がつくと外に流れ出してもいるのだ。

退行的な神秘的融即は、守られながら内向していく夢分析の初期に生じやすい。無意識的なもの、それも非常に深い集合的無意識との接触を経験しはじめること自体が、一種の退行だからである。集合的無意識のなかに、意識の領域には存在しない貴重な価値あるものが蔵されているのはまぎれもない事実だが、そうはいっても、太古の時代をそのまま保ち続けている世界にどっぷりと浸かれば、否応なく原始的な心のありようが目覚めてくる。その危険性に対する注意を怠ることなく、創造的に退行すべきことを夢は促している。

重篤な病理的退行が起きれば、神秘的融即は、精神病的な症状のかたちをとる。考えを外から吹き込まれていると思ったり（思考吹入《すいにゅう》）、ずっと監視されていると信じ込んだり（注察妄想）、動作をどこかから操作されていると感じたり（作為体験）、といった具合である。一方、軽度の非創造的な退行では、他者への過度の同調性や付和雷同性、独自の価値観の欠如などを呈す。ユングはレヴィ - ブリュールによるもともとの概念を拡大して、そういうところにも神秘的融即を見ている（Jung, 1997）。

神秘的融即の活用

個性化、すなわち個になろうとすることには、深い孤独がつきまとう。それに耐えきれないため、大半の人は、非創造的な神秘的融即の状態にしょっちゅう戻ってしまう。流行や世論といった集合的現象にも、それが透けて見える。この現象は自動的といってよいような生じ方をすることも多い。Uさんの夢で神秘的融即が昆虫の集団によって表されているのは、それゆえでもあるのだろう。その意識の水準は人間のそれではもちろんなく、動物のそれですらない。

個の確立途上にある者にとって、集合的なあり方、神秘的融即は危険きわまりない。夢見手も、神秘的融即に少しふれただけで、たちまち退行している。かつての住まい、旧宅に帰っているのはそのためである。本来の方違えなら、意識的になされないといけないだろう。なんとなく避難するのは退行と見なさざるをえない。気がついたら、すでに神秘的融即の毒がまわっていた、というわけである。

しかしながら、神秘的融即は両義的で、じつは有用な面もある。警戒して避けていればよいというものではない。Uさんの次の夢はそのことをよく示している。

夢6　とても偉い人の前にいる。「毎日たいへんだろうが、仕事、がんばってください」と励まされる。うやうやしく、ありがたく仕事を頂戴する。それは貴重な文書《もんじょ》の手写。しかし、じつは、それは私にはたやすい仕事で、午後だけでも充分すませられる。実際、今日もすでに終えてしまった。苦労しているのは午前にしている別の仕事で、そのことは秘密にしておかないといけないので、言いはしない。それに、嫌な仕事でもない。この偉い人が帝だったたか、あるいは、この秘密の仕事が帝からの勅命の仕事で、目の前にいるのは（その仕事のことは知らないが）かなり高位の貴族だったか。

夢見手は、「たいへん」であるはずの仕事をたやすくやってのけている。ふつうなら、まる一日かかるほどの仕事を、常人の倍のスピードでこなしてしまう。おそらくは初見であろう貴重な文書の手写が、どうしてそんなにも容易にできるのか。この夢のなかでの夢見手は、尋常ならざる才の持ち主なのかもしれない。さもなければ、よほど特殊な状態にあるにちがいない。

このような桁外れの仕事がやれるのは、夢見手に、文書と同一化する能力があるからではないか、と私は思う。文書を認識の対象としているのではない。そんなことでは、遅すぎてお話にならないのだ。そうではなく、みずからが文書そのものになってしまったなら、読むにしても書き写すにしてもなんら妨げがない。自分の思いや感じをそのまま書き綴るだけで、その文書を手写したのと同じことになる。

私の考えが正しいとすれば、この夢が伝えているのは、神秘的融即の有用な働きである。未開のアフリカを旅したことのあるユングは、次のような譬えを用いて神秘的融即の肯定的な側面を説明している（Jung, 1997）。曰く、未開の人たちは、文明人とちがって、はじめて見る茸に毒があるかないか、いちいち試食してみなくても即座にわかる。なぜなら、彼らは茸とすっかり融即しており、毒の成分があるかどうか、わがこととして感じられるのだ、と。

では、この自在に神秘的融即を操れる人物をもってしても苦労するという、午前中の仕事とは何なのか。帝からの勅命による秘密の仕事であることから推測するに、何かしら秘儀に関することかもしれない。秘儀には、多かれ少なかれ、イニシエーションの特性が備わっているからである。つまり、秘儀は、それまでにあった神秘的融即を断ち切って、人を新たな状態へと生まれ変わらせる（それ自体が新たな神秘的融即をはらんでいる場合もあるにせよ）。秘儀はいうまでもなく約束とともにあり、秘密を守り通すのは昏い意識にはできないことである。

ところで、帝というのは不思議な象徴である。一方では、政治的権力の代表として、集合的意識（「集合的無意識」ではないので誤解なきよう）を象徴する。他方で、心の最深部に息づく古来の宗教的権威の代表として、集合的無意識の中心であるセルフをも象徴する。前者の側面は、自我を集合的な神秘的融即にとどまらせるが、後者の側面は、個性化を促して神秘的融即から離脱させる。夢見手はこの両面性とどうつきあっていけばよいのだろうか。

「貴重な文書の手写」は、いにしえより伝わる厳選された文字の心をわが身で写し取る仕事、門外不出の秘伝の水茎《みずぐき》の動きをそのまま感じ取る仕事である。この難しい仕事も、神秘的融即のなかにいれば、たやすくこなせるらしい。しかし、午前には、午後とは異なる秘密の仕事もある。ここには、神秘的融即とそこからの離脱の繰り返しが見られる。個性化においては、神秘的融即の危険に注意を払いながら、その利点を活用することが求められている。

第五章

夢の展開（二）——神秘的融即への没入とそこからの離脱

老愚者の価値

前章で扱った夢1から夢6までのメッセージの中核にあるのは、個性化のプロセスでは「死者を甦らせる」作業を行なわなければならない、ということである。その際、初期夢の展望機能に助けられ、さまざまなかたちで姿を垣間見せる「約束」とその周辺事態へのチャンネルを開けば、創造的な営みがはじまる。考えようによっては、甦らせるべき死者とは、忘れられた約束のことなのかもしれない。無意識に呑み込まれる危険性に充分に注意しながら、神秘的融即を有効に活用して探求したいものである。

本章では、引き続き、夢7から夢14を見ていこう。マラソンに譬えるなら、だいたい折り返し地点までの道程になる。Uさんの七つ目の夢は以下のとおりである。

夢7　女性の知人から、私が趣味でしているスポーツを教えてほしいと頼まれる。彼女は身体ができていないし、そもそも私のほうにも教える資格などないし、と思う。近くにいた指導者のひとり（女性）をチラッと見ると、案外、教えてもいいと思っている感じに見える。後日、軽食堂のような場所で、知人からまたその話が出る。答えを濁す。その店では、痩せた小さいおじいさんがウェイターをしている。動きはシャキシャキしていて善良そうだが、どうも落ち着きが足りず、相当なオッチョコチョイのよう。客が注文したカレー・セットをトレイに載せてテーブルに運び、カレーをライスにかけてから差し出すが、カレーが皿からあふれてしまう。すぐに新しいのに交換したが、今度は、皿どころかトレイ自体からもあふれてしまう始末。そのあたふたぶりを見て、まわりの客たちはみな、失笑しつつ和んでいる。

愚かな老人の登場である。周囲はコミカルな姿に和んでいる。しかし、夢見手はそのことに違和感を覚えているらしい。そこに、自我の偏りに対する無意識の補償がある。今の自我の判断基準を考え直す必要があるかもしれない。老人の振るまいは、喜劇役者の巧みな演技のようでもある。みごとに笑いをとっている。みなが彼の老練な道化的トリックを楽しんだ。しかし、夢見手には、それを笑える余裕や柔軟さがないようである。

ユング心理学では、このようなトリック好きの元型をトリックスターと呼ぶ（Jung, 1954b）。トリックスターの質は、低級な悪戯《いたずら》者から偉大な英雄まで幅がある。昔話のアマノジャクは前者の好例で、神秘的融即に満ちた幸せな世界を混乱に陥れるが、返り討ちに遭ったりする。一方、後者は世界に革新を起こす。不思議を起こして、新しい価値のための揺籃《ようらん》を提供するのである。だから、「トリック」という語には悪い含意があるとはかぎらない。トリックスターは、ときに自分自身にトリックを仕掛けて自滅する、という奥の手まで遣う（老松、二〇一七）。

手品や奇術においても、トリックが因果関係の理《ことわり》を打ち壊し、そこに拘泥している者を出し抜く。そして、奇術師は、そういう奇跡的なことが起きる（あるいは、起きたように見える）決定的な秘密を知っているはずなのに、それを容易には明かさない。だから、老獪なトリックスターは、両立しえないものを両立させるパラドックスの遣い手ともいえる。しかも、神出鬼没で、不意に現れたかと思えば、もう姿を消している。

前章で夢1をめぐって、まれびとと土地の精霊にまつわる民俗にふれた。そして、一例として、能「翁」に登場する翁と三番叟をあげた。一般に、土地の精霊にはトリックスターとしての特性があり、人々に安寧をもたらせと命じるまれびとの呪言に対して、茶化したり無視したりして抗おうとする。「もどく」（さからって張り合う）のだ（折口、一九三〇／一九三一）。これはまれびとと土地の精霊による漫才のようなものになる。三番叟は、もどくことによって、お決まりの退屈な神秘的融即に鋭く楔を打ち込む（図15）。翁がツッコミなら、三番叟はボケである。

ボケとツッコミに言及したのは、ただわかりやすく譬えるためではない。ボケとツッコミという芸能の構造が、そもそも、まれびとと土地の精霊にまつわる民俗と源を同じくするものだからである（折口、一九三〇／一九三一、鶴見、二〇〇〇）。三番叟の場合は、神々しい翁の言動を大袈裟に真似て茶化しているうちに、かえって翁の呪言の内容をはっきり繰り返して堅固なものにしてしまう。自分の仕掛けたトリックに引っかかることによって、古くからの約束を新たに甦らせる働きをするのである。

夢見手は食堂の客のひとり。みながまさにまれびとである。客からの注文に対してウェイターの老人が滑稽なことをするのだが、これはどこか三番叟のもどきと似ている。つまり、少し抗いながら注文に従っているようなのである。この種の自滅トリックの場合、表向きは相手の勝ちだが、トリックスターの思う壺にもなっているので、じつは両者とも勝ちになる。ウィン・ウィンになるためのパラドックスを秘めたトリックである。

ここに、夢見手に対する補償的なメッセージがある。夢見手は知人の女性からコーチを依頼されているが、抗って拒もうとしている。老ウェイターが抗いながらも注文を承っているのとは対照的である。トリックスターは、抗いながら受け入れることで、両者がウィン・ウィンの関係になれることを教えている。その行為が愚かに見えることは請け合いだが、夢は価値のないことを勧めはしない。

では、その価値とは何だろうか。ユング心理学では、男性の内なる女性像の元型をアニマと呼ぶ。男性の意識は通常、男性的な特性を有しているので、女性的な特性は無意識のなかに閉じ込められている。夢には、それがアニマのイメージとしてよく登場する。アニマといってもさまざまで、知恵のある女性から妖女、毒婦までさまざまな姿をとるが、男性の意識にとって導き手の役割を担うことはまちがいない。

その導きの正誤を見極め、従うかどうかを決めるのは、自我の仕事である。夢見手は女性（アニマ）の依頼を断ろうとしているわけだが、少しばかり早計ではなかろうか。女性指導者は夢見手が依頼を引き受けてもよいと考えているらしいからである。夢見手は依頼を断る理由をいくつかあげているが、おそらくはそこに意識の偏りがあり、女性指導者の判断を覆せるほどのものではない。

基本的に、アニマからの依頼は重要なものと考えるべきである。軽視してはいけない。アニマに助力することは、無意識を尊重することでもある。なんらかの見返りもあるにちがいない。それに、ことによると、このアニマが夢見手にとって永遠の女性である可能性もなくはない。今の夢見手の意識からすると、この依頼を引き受けるのは愚かな行為に思われる。しかし、彼女が夢見手の忘れてしまった約束の相手である可能性さえ、ないとはいえない。約束を思い出してほしくて夢に出てきたのかもしれないのだ。

パラドックスに彩られたトリックでもって約束を見出すこと。そして、その約束を信じること。癒し・救い・闡明はそこからはじまる。今現在の意識の考え方からすれば信じるに値しないものが、強力な補償の働きをなすことがある。少なくとも、それは事実である。貧弱にしか見えないという装いが、じつは、このうえなく巧妙なトリックであることもありうる。ならば、私たちは、何を根拠に判断すればよいのだろうか。

闇のなかでしか見えないものの功罪

Uさんの八つ目の夢に移ろう。

夢8　このところ、家のなかで、置いておいたはずの物がいつのまにか消えていたり、あるはずのない物があったり、不審な気配が感じられたりして、しばらく不思議に思っていた。私の家は、玄関は昔ながらの土壁で、天井も同様の珍しい造りになっている。玄関の（外に向かって）左側の壁の、頭よりちょっと高いくらいのところには、直径二〇センチメートルくらいの穴があって、以前から何かの鳥が住んでいる。今日、ふと見たら、その鳥が梟《ふくろう》であることがわかった。しかも、穴は奥や上方に広がっていて、そこに孵化して間もないくらいの雛が少なくとも一〇羽はいるではないか。そればかりか、気がつくと、天井には、もっと大きな、直径六〇センチメートルくらいはあろうかと思われる新しい穴が出現しており、その大きな穴は天井のなかで上方高くまで伸びているようだ。その壁は何層にも分かれて、それぞれに小さな巣穴ができている。見える範囲だけでも、雛は数十羽をくだらない。しきりに食べ物をほしがっている。びっくりしたが、嫌な感じはしない。無事に育ってほしいと思う。ただ、巣穴がどこまで広がっているのかわからないので、土が崩れないかと少し心配になる。物がなくなったり怪音がしたりする理由がこれではっきりした。

怪しい物音や気配の正体は、厚い土でできた天井や壁のなかで拡大しつつある梟の巣だった。梟は夜目が利くので、無意識の闇を見通す存在、無意識の知恵をもつ存在、無意識の世界を旅する者を見守る存在を象徴する。ギリシア神話の知恵の女神アテナは梟を連れている。アイヌの神謡ユーカラには神話を伝える神として現れるし、猛禽として夜の村を守護する神でもある。

夢のなかの梟の巣は拡張され続けているらしい。しかも、孵化したばかりの雛がたくさんいる。孵化をインキュベーションといい、この同じ語が参籠をも意味することは、第二章で説明した。閉じられた空間のなかに籠もって変容するという含みが、この言葉の中核にはある。次々に孵化したらしい雛たちは、Uさんを夜ごと訪れる、知恵に満ちた夢の数々なのかもしれない。それは豊かな母性によって支えられている。

見えない無意識のなかでは、新たな構造化が進んでいた。ここまでのUさんの努力と苦労のたまものといってよいだろう。しかし、若干の気がかりはある。雛の数が相当に多いこと、巣が巨大化していること、などである。家そのものが壊れるのではないか、と夢見手自身も心配している。天井や屋根や壁が壊れたら、それまで内部にあった梟の迷路のような巣が表に出てくる。つまり、無意識が噴出してくることになる。

意識は一種の爆発によって現れた、とユングは推測している（Jung, Franz, Henderson, Jacobi, Jaffé, 1964, Jung, 1997)。爆発とまではいかずとも、無意識が一気に表面に現れ出てくるとしたら、うまくいけば、秘蔵されていた深層の知恵が新たな意識を形成することになるだろう。その意識は、今の今まで無意識の一部だったのだから、新たにできた意識と無意識との風通しはよく、心の全体性の実現に向けての大きな前進が期待できる。

けれども、これは、非常に大きな危険と背中合わせであるように思われる。場合によっては、新たな意識が形成されるに至らず、無意識が極端に優勢な状態になってしまうことも考えられる。いわゆる心的水準の低下が起きるのである。急速に重度の退行が生じ、心の奥底にしまっておかなければならない類の闇が、あちこちから勢いよく漏れ出すようになるかもしれない。

最悪の場合、現実検討が失われ、現実とそうでないものの区別、外的体験と内的体験の区別ができなくなる可能性もある。すると、幻覚や妄想をはじめとする病的体験にさいなまれるようになる。実際、「置いておいたはずの物がいつのまにか消えていたり、あるはずのない物があったり、不審な気配が感じられたり」、「怪音がしたりする」というのは、精神病状態にある人がしばしば訴える体験である。

梟というイメージがもっている意味合いについては先ほど述べたが、梟も含む鳥一般の象徴にはもっと広範な意味がある。鳥は風のように軽く、空中を飛び交うことから、夢のなかでは、思考、空想、想像などを表すことが多い。コントロール不能状態の鳥の群れになると、病理的な錯綜した思考内容、すなわち妄想を意味している可能性がある。そして、雀蜂の群れと同様に、強烈な神秘的融即に呑み込まれる可能性もまた。この夢の梟の雛の増殖や巣の巨大化の様相には、わずかながらそのような気配が感じられる。慎重な姿勢が必要である。

幽体を見る

個性化のプロセスにおいては、見えないものを見る目、闇のなかでしか見えないものを見る目を養うのは重要である。夢を扱うのはそのためということもできるだろう。第二章で取り上げた流祖や宗祖たちは、祈願参籠して見た夢のなかで、あるいは夢とうつつのあわいで、ついに超越的な存在に出会い深遠な教えを受けた。なるほど、危険はある。しかし、たとえそうであっても、見えないものを見ることができるようにならなければ得られないものはたしかにある。

Uさんはかならずしも超越的な存在に出会いたいと思っているわけではないが、夢のなかではそのような方向への動きがはじまっている。真に内向した深奥《しんおう》の闇のなかでしか会えない、ふつうは見えないもの。それが精妙体あるいは微細身《みさいしん》（サトル・ボディ、第二章最終節参照）であるか、幽体ないしは精霊であるか、はたまた神仏であるかは大きな問題ではない。約束のリアリティを支える体験がそこにはある。

さて、そのような流れをふまえて見てみるとき、Uさんの次の夢には非常に興味深い展開があることがわかる。

夢9 友だちのひとりが急に亡くなった。私たち（私を含めて四名の友だち同士。みな、故人を知っている。四名のうちのひとりは女性）は、道路に面した古いアパートのほうに向かう。故人はそのアパートの住人だったか、何かの関係がある。私たちはアパートは素通りして、裏手にぽつんとある離れのような建物に入る。そこで、以前から予定していた鍋をする。賑やかに時は過ぎていくが、四名のうちのひとりはしきりに誰かと入れ替わっている。姿が一瞬ぼやけて存在がかわったり、背後にもうひとりがぼんやり見えていたりする。私たちはそれをとくに奇異なこととも思わず、驚きもしない。ごく自然なこと。いっしょにその場を楽しんでいる。それが死者だとか霊魂だとかはまったく思っていない。

この世ならぬ姿のモノが、さりげなく現れたり消えたりしている。うつろな姿を見せているのは亡霊か幽霊の類らしい。不思議なのは、強い不安を惹起しそうな状況であるにもかかわらず、場の雰囲気が妙に落ち着いていることである。これなら危険は小さいかもしれない。みなが、あたかも生者と過ごしているかのように、宴を楽しんでいる。鍋を囲んでいる理由は不明である。通夜や葬儀のあとの直会《なおらい》（祭事後の饗食）に似た行為だとすれば、死者の霊魂との絆を再確認し強化しているのかもしれない。

しかし、もう一歩踏み込んで、これを一種のカニバリズムと考えてみよう。古くからある食人の風習である。カニバリズムは誤解されることが多いが、けっして野蛮な慣わしではない。たとえば、敬愛する家族が亡くなったとき、故人がいつまでも子孫のなかで生き続けてくれるのを願って行なわれる。あるいは、戦って倒した敵の勇敢さに敬意を払い、その士気を取り入れるために行なわれる。私は、一般的な通夜や葬儀の直会にも、この元型的観念が潜んでいるのではないかと思う。火葬のあとにごく少量の故人の骨を口にする、いわゆる骨噛みの風習は、わが国の一部の地域に今もある。

キリスト教においても、カニバリズム的観念は重要な位置を占めている（Jung, 1940, 1997）。ミサでは聖体《ホスティア》と呼ばれる小さなパンを食すが、それは死せるイエスの肉にほかならない。いうまでもなく、葡萄酒はイエスの血である。もともとは小麦、葡萄という物質にすぎないものが、ミサの場では、人間となって人間の罪をかわりに負って死んでくれた神の血と肉に変わっている。パンと葡萄酒はけっして神の血や肉の代替品ではない。

この全質変化という教義を信じることのできる者、その変化から神との関係性を感じることのできる者だけがキリスト教徒である。信徒たちは、その聖体と葡萄酒をイエスのほんものの肉であり血であると心底から思って、ほかの信徒たちと分かち合って食し、また飲む。そして、自身の肉や血として同化する。いってみれば、イエスを八つ裂きにし、みなで直会をしているわけである。こうして、信徒ひとりひとりのなかにイエスは復活する。そこにキリスト教の秘跡がある。

カニバリズムの根底には、トーテミズムの痕跡があるといわれている。トーテミズムとは、トーテムと呼ばれる部族の根源的な先祖に対する崇拝を指す。トーテムは人間とはかぎらない。ある部族のトーテムは鰐であったり、鶏であったりする。植物や鉱物である場合もある。それを表すトーテムポールという柱状の造形物はよく知られていると思う。祭などの定められた日に、部族はトーテムを食べる。トーテムと同一化して、疲れた日常を脱し、原初のエネルギー満ちあふれる状態へとリセットするのである（Jung, 1997）。

この夢9でも、集まった四名は死者への敬愛の念を強くもっており、その肉を分かち合っているのではないだろうか。夢1に出てきた「死者を甦らせる仕事」ではないが、夢見手はこうして、一時的に姿を見せる死者との結びつきを確かめているかのようである。夢8からの流れを考慮するなら、夢見手は梟の目で死者の見えない身体（サトル・ボディ）を見定めようとしているのかもしれない。

根の国へ、常世へ

ここでは、やはり鎮魂の試みが必要である。夢1をめぐって少しふれたように、鎮魂は単なる弔いを意味しない。遊離しがちな霊魂を身体に固定する儀式でもある。ときには、彷徨い出た霊魂を追いかけて、連れ戻さないといけない。冥界降り、地獄の辺土《ネキュイア》への下降である。その結果がどうなるか見てみなければ、弔いもできない。夢見手はまだ不慣れで、未分化な幽体しか捉えられないようである。死者たちを確実に感知できれば、「死者を甦らせる仕事」はおおいにはかどることになる。

続いて、Uさんが見た一〇番目の夢である。はたして進展は見られるだろうか。

夢10　岬の先に小島がある。私たち数名は、その岬と小島である作業をしなければならない。小島のほうは、ふだん人が入らず、事実上の聖域になっている。作業とは、古びた空っぽの壺を持って岬と小島の山林のなかを歩き回る、という伝統的な儀式。私は意味のよくわからない形骸化したものだと思って参加していたのだが、私たちのなかのひとりで、たぶんこのあたり出身の者だけは、唱えごとも所作も迫力がちがう。そして、そのようにすると、見たこともない生き物を壺で捕まえることができるようだ。棘の生えた鎧のような皮膚をもつ一メートルくらいありそうな蜥蜴《とかげ》、同様の大蛇などである。見た目のわりに、攻撃的な姿勢や気配はほとんどない。私も含め、残りの者たちはこの成行きに驚き、俄然、興味をそそられる。真似てやってみると、そういう生き物が周囲のいたるところに出没することがわかるし、むしろそれらのほうから壺に近づいて入ってくるような感じもあって、比較的容易に捕まえることができる。儀式は生きていたのだと実感する。

岬のすぐ先にある、古代がそのまま生き続けている禁足の島。このような、陸地にほど近い聖域は、思いのほか多い。たとえば、厳島神社のある宮島、南方熊楠が保存に奔走した田辺の神島は有名だし、赤穂の大避《おおさけ》神社が鎮座する浜のすぐ前には禁足地の生島《いきしま》がある（図18）。この種の聖域は古代の墓地であることも少なくない。生島には、渡来人である秦氏の祖、秦河勝《はたのかわかつ》の墓がある。

図18　生島

また、鳥取・島根県境には境という町がある。今は弓ヶ浜という砂嘴《さし》の半島（弓浜半島）の先端に位置しているが、砂がたまって陸続きになるまでは島だった。やはりかつては葬送の地で、夜見《よみ》島といった。つまり、黄泉島である。現在でも夜見という地名が残っている。弓ヶ浜もかつては黄泉ヶ浜だったとされる。そこは、この世とあの世の境だった。全国に点在する青島などという名前の島も、多くはその類である。

わが国の冥界は、黄泉《よみ》、根の国、常世《とこよ》などと呼ばれていた。夢のなかの岬の先にある島は、そのような集合的無意識の領域である。常世は死者の国でもあるが、原初の生命力に満ちあふれてもいる。死者の霊魂は現し世からそこに還り、また現し世へと生まれ出る。儀式の執行者に選ばれた夢見手は、原初の生命力にふれるとともに、儀式を介した集合的無意識とのコミュニケーションの仕方を学ぶ。とりわけ、約束の交わし方や扱い方を。

前節でふれたトーテミズムにも通じる原初のエネルギーが、この聖域にはある。そこには巨大な蛇や蜥蜴がいる。古い存在は概して大きい。旧約聖書でも、ギリシア神話でも、原初の神々は、未分化で膨大なエネルギーのかたまりであるがゆえに巨大である。わが国の神話でも、大国主命《おおくにぬしのみこと》は、ともに国造りをした小人神、少彦名命《すくなひこなのみこと》との対比において巨人と見なせるという（織田、一九八六）。須佐之男命《すさのおのみこと》が退治した八岐大蛇《やえたのおろち》などもいにしえの巨大な神霊である。

夢のなかの蛇や蜥蜴はそこまでは大きくないが、ガラパゴス化しているとでもいうのか、岬側とは異なる生態系のなかにあり、太古の時代の様相が色濃い。しかも、おもしろいことに、夢見手の持つ壺のなかにすすんで入ろうとしている。壺に入れば現し世に行けるかもしれないことを知っているかのようである。集合的無意識の構成要素がどれほど意識化を希求しているか、ここから見て取ることはたやすい。そして、おそらく、こうした意識化は、遠い昔に約束されていたことだった。

「原初の心の外在論」を再び思い出してほしい。原初に森羅万象とともに散在していた無数の心身のかけらが少しずつ寄り集まっていくとき、それらは、いまだ自己ならざる淡いもの、幽霊、幽体、精霊、妖精などとして体験されることがある。この夢の大きな蛇や蜥蜴は、夢９の亡霊とは似ても似つかないが、それが常世で原初の生命力を取り戻した姿ともいえる。夢見手は、夢９ではおぼろげにしか見えなかったサトル・ボディを、夢10ではその活力とともに明瞭に捉えている。これなら、壺に入れて現し世に持ち帰ることができるかもしれない。

黄泉帰り

では、Uさんが見た11番目の夢に移ろう。

夢11　親戚がやっている牧場にしばらく滞在している。馬の扱いや牧草の管理などをはじめて手伝う。しばらくのあいだは、転がっている馬糞の多さに辟易し、難儀した。しかし、長かった滞在も終わりに近づいた頃には、かなり慣れてきた。そして、何かとっさに馬糞をわたさないといけない事態が発生したとき、私は、足もとに転がっていた比較的新しい馬糞をためらうことなく素手で掴んでわたした。表面は少し乾燥していたが、なかはまだ瑞々しいものだった。まわりの者は、「なにもそんなにフレッシュなのじゃなくていいのに。でも、よく掴めるようになったな。自分らでもそれくらいのには躊躇するな」などと言う。私には、もはやごくふつうのことになっていた。それから、外で一頭の馬の手綱をもった。気性の荒い大きな馬で、たてがみの片側だけが白い。まわりには、ほかの馬たちや観光客（おとなも子どもも）がたくさんいる。この馬は今は少し警戒しておとなしくしているが、そのうちひとりでは手に負えなくなりそうに思ったので、ちょっと離れたところで遊んでいるその牧場の子（五〜六歳くらいの男の子）に「お父さんを呼んできて！」と言ってみるが、聞こえないようだ。ほかにも何人かに声をかけるが届かないので、困惑する。

牧場にいるのは、飼い慣らされた動物、馴致《じゅんち》されたリビドーである。リビドーといえば、夢見手は夢10で、常世にある原初のリビドーにふれ、その一部を壺に捕らえた。問題はそれをいかにして現し世に持ち帰るかにあった。ここでのリビドーの貯蔵庫、つまり牧場が親戚のものである点は示唆的である。つまり、夢見手はまだそれを完全には持ち帰っていないらしい。現し世への途上で、夢見手は、リビドーの扱い方をもっと学ぶ必要があるのだろう。

原初のエネルギーは未分化で混沌としている。意識から見れば、穢れていると映る。糞便などは、今では不衛生な汚物としか見なされないが、かつては農作物を育む力をいかんなく発揮していた。堆肥はうずたかく積み上げられ、野壺では黄金色の肥やしが発酵していた。近隣の家々からこの貴重な自然の肥料を買い取る習慣さえあったのだ。今でも、モンゴルの草原では、家畜の糞便が燃料としてだいじにされているではないか。子どもたちにいたっては、遊び道具として使いさえする。

意識の立場からすると、無意識的なものはすべて汚染を被った劣等なものである。この偏見を捨てれば、原初のリビドーの有用性がわかる。夢見手はそこはみごとにクリアした。牧場を営む親戚でさえ躊躇するほどのことがすでにできる。このリビドーの貯蔵庫は、夢見手自身の所有に少し近づいた。しかし、奔馬を飼い慣らすのは、これからの課題である。その巨大なエネルギーは、ぜひとも自在に操れるようになりたい。そうでなければ、危険を冒して冥界にまで行った甲斐がない。

この馬は柵の外にいる。へたをすると、再び無意識の闇のなかへと逃げ去ってしまう。無意識の構成要素は、意識化を強く希求して近づいてくるが、意識の価値観と相容れずに、さっさと踵《きびす》を返してしまうことも多い。意識の側は無意識由来の要素の扱いに工夫を凝らし、無意識の側は意識の出方を試す。両者がおたがいに敬意を抱いて認め合わなければ、創造的な関係は成立しない。荒々しいリビドーはただ破壊的に作用するだけになる。

だから、個性化のプロセスにおいては、最大のリビドーを創造的に使いこなせるように心身を練っておきたい。夢の奔馬はまだ意識と無意識の境界にとどまっているが、注目すべきことに、すでに手綱がつけられている。しかも、たてがみの半分がすでに白くなっているというではないか。意識化への動きは、すでにある程度まで進んでいると考えてもよいだろう。

この馬は自身を巧みにコントロールしてくれる者の出現を待っている。主人を選ぶのは馬のほうである。はたして夢見手は主人にふさわしいだろうか。馬の扱いに慣れた親戚の助力は、さしあたり期待できない。しかし、この牧場内で危なげなく遊べる子どもは頼りになる。物心つく前から馬たちと暮らしているし、「七歳までは神のうち」というように、人間より自然や霊に近いのだから。

夢見手はこの童子神から知恵を授かる必要がある。この子どものように奔馬を扱えれば、常世のエネルギーを現し世に持ち帰ることができるだろう。そうすれば、夢1にあった「死者を甦らせる仕事」にも目途がつく。夢見手は死者に新たな歳魂《としだま》を与え、その身体にしっかりと鎮めてやることができるはずである。大国主命が国造りをはたすために、小さ子神である少彦名命を必要としたことは、けっして故なしとしない。

同行二人

Uさんが報告した12番目の夢に移る。

夢12 粗末な長屋の一室のようなところに妻といっしょにいる。妻は、道に面した窓の近くで、短い呪文を繰り返し唱えながら拝んでいる。この妻がじつは弘法大師であることが私にはわかっている。私も、気持ちのうえでは、いっしょになって拝んでいる。窓は開かれていて、外には明るく気持ちのよい陽射し。室内の空間も特別な空気で満たされている感じがする。そこに、突然、近所の人（長屋の別の住人）が血相を変えてやってきて、拝むのをやめてくれと言う。窓が開いた状態で呪文を唱えているとはいえ、外に聞こえるほどの声ではないので、それで迷惑をかけているはずはない。一瞬、困惑したが、こちらの気持ちは冷静で落ち着いている。すぐに、彼に何かが憑いているのだと思いあたる。とくに彼のことをターゲットと意識して拝んでいたわけではないが、距離が近かったため影響がおよんだのだろう。

夢見手の妻は、なんと弘法大師であるという。大師はもちろん男性だが、超越的な存在が性別や年齢を相対化して、老人や幼児や尼などの姿で顕現したり、ときには両性具有的であったりするのは、まったく驚くにはあたらない。観音は三三の姿に変身するし、大師が伝えた密教の中心的な仏、大日如来は、胎蔵曼荼羅に描かれている四〇〇尊以上におよぶ神や仏、悪鬼や人間のいずれでもある。

ここで、「同行二人《どうぎょうににん》」の教えが思い出される。弘法大師は、姿は見えずとも、遍路につねに同行しているという。そこにも一つの約束がある。夢見手の妻が大師なら、大師との神秘的合一が約束されたも同然である。すでに述べたように、男性にとっての無意識的な異性像、アニマは範を垂れ、自我を導く。そして、しばしば、合一によって男性の意識の偏りを補償する。アニマとの合一は全体性の実現に非常に重要である。

弘法大師は瞑想の天才だった。教えの柱は、大日如来や不動明王と一体化し、融通無碍《むげ》となっていっさいを調和させる儀式と観想である。とりわけ、心の深層の超越的な力へのアプローチに大きな特徴があり、ユングの心理学体系との類似点は多い。宇宙の中心たる大日如来はセルフの概念と重なるところがあり、おそらくは夢のなかの弘法大師もまたセルフと等価と考えられる。

夢見手のアニマは、深層のリビドーを自在に使う。その法力は、副作用的にとでもいえばよいだろうか、長屋の住人に憑依している霊を苦しめる。憑霊や加持祈祷《かじきとう》は神秘的融即にまつわる事象である。ここでは、妻の勤《ごん》行《ぎょう》が神秘的融即の発生を目的としていない点に注目したい。弘法大師の伝えた密教の眼目は、国、帝、国民をはじめ、生きとし生けるものの安寧だった。それが低級な呪術に堕することはありうるが、加持祈祷の本来の目的は、むしろ質の悪い神秘的融即からの離脱にあると考えられる。

ここには個性化の本質が垣間見られる。癒し・救い・闡明には、神秘的融即が欠かせない。それは、微細で精妙なものの感知を助けるし、原初的なリビドーと元型的な心身の顕現を促進するからである。ただし、そこにとどまってはいけない。神秘的融即に利点と欠点があることは、夢5（雀蜂の大群）や夢6（貴重な文書の手写）をめぐってすでに述べたとおりである。

神秘的融即をあらためて経験しておくのが重要なのは、そこから意図的に離脱することによってのみ到達しうる次元があるからである。ただし、すっきりと離れるためには、あらかじめ、充分にくっついておかなければならない。そのような飛躍への要請は、夢11における糞便の扱いや荒馬の扱いのイメージにも見て取れるように思われるが、どうだろうか。

あの夢では、糞便や荒馬の粗大な側面に囚われることなく、それらの微細な側面を見出す必要のあることが示唆されていた。人間は、獣から進化してくるあいだに切り捨ててきた原初のリビドーを取り戻すために、いったん獣との融即に還らなければならない。ただし、そこでとどまらずに、粗削りのリビドーを持ち帰って洗練し、高次の獣性の獲得を目指すことがたいせつである。

人間の上半身と馬の下半身からなる神話上の生き物がいる。ギリシア神話のケンタウロスである。ユング心理学とも共通点の多いトランスパーソナル心理学のケンタウロス・プロジェクト（Wilber, 1980）なる考え方においては、高次の獣性の統合が推奨されている。同じくギリシア神話のミノタウロスのような、上半身が牛で下半身が人間という、獣性が支配的な状態ではなく、ケンタウロスのごとき、その逆の状態が理想とされる。大本《おおもと》の聖師、出口王仁三郎《でぐちおにさぶろう》（一八七一～一九四八年）の表現を借りるなら、体主霊従ではなく、霊主体従である（出口、一九六七）。

ケンタウロスという半人半馬の一族は豊かな知恵をもっている。なかでも、ケイロンは癒しの術に長けていた。あのエピダウロスの癒しの神、アスクレピオスに医術を教えたのは、ほかならぬケイロンである。アスクレピオスが参籠者にもたらす夢は、いわば、ケンタウロスに由来する。その点で、夢11の奔馬の馴致は、夢待ちの作業において非常に意義深い。

望遠鏡で見る目的地

本章の最後に、Uさんの一四番目の夢を示す。本来ならば一三番目の夢を先に紹介しないといけないのだが、個人的な要素がかなり多く含まれているため、ここでは割愛し、その次の夢14を提示することとしたい。

夢13　省略

夢14　私たち数人は絶海の孤島に来ている。孤島といっても、正確には群島で、三つ、四つの南の小島から成っている。船でたどり着くには相当な日数のかかる、たいへんなところ。目的は視察と民俗調査のようなこと。私たちは、地元のガイドの助力も得ながら、小舟で島々をめぐり、風土や慣習を私たち自身の目や耳で確かめ、経験する。本土との驚くようなちがいはなく、南の島らしいのどかなところだが、ちょっとした風習のちがいや草に埋もれた小さな遺跡・祭祀場などに心惹かれる。数日後、調査はつつがなく終了。私たちはたいした課題や試練をこなしたわけではなかったが、これだけで特別な資格が与えられると聞く。帰路につく。また、海路は長い。島に来て何をしたかより、この最涯《さいは》ての島まで来れたかどうかに価値があるのかもしれない。

岬の先の小島で爬虫類を捕まえる夢10を少しばかり思い出させるが、この夢の南の島は禁足地ではなく、悠久の昔からずっと人間の暮らしが続けられている。ところが、この島に来てちょっとした民俗調査をするだけで、何か「特別な資格」が与えられるという。思うに、実際のところは、もともと特別な資格が備わっていなければここにはたどり着けないということなのだろう。

そのような場所はところどころにある。たとえば、熊野三山の奥宮と称される十津川村の玉置《たまき》神社などは、神々しい静けさのなかからその霊威が強く伝わってくる修験《しゅげん》系の社だが、参拝するにはご縁が必要だとされている（図19）。たしかに、雲の湧き立つ幽谷を眼下に見る深山の参道は険しい。今でこそ快適な道路が整備されているが、呼ばれていなければたどり着けないと往時にいわれていたのも、むべなるかなである。

最涯ての地に導かれること。そのためには特別な資格を必要とする。すなわち、約束が交わされているという事実である。ただし、夢見手には、そのことがわかっていない。約束を忘れている。ずっと昔の約束なのかもしれない。民俗調査を行なえば、いにしえの神々と人間との関わりの痕跡を明らかにすることができる可能性がある。

図19　玉置神社

かつて、神秘的融即が優勢だった昏い未分化な意識は、元型的なものとのあいだにほとんど区別がなく、それに導かれるがままに行動していた。その後、意識が発達し明晰になってくるにつれて、両者は離れ、交信はあらかた断たれる。しかし、民俗のなかには、たとえ歪曲や形骸化を被ってはいても、人間が融即のなかで神々と交わした約束の証拠を見出すことができる。調査者は約束にも多様なかたちがあることを知るだろう。

ことの経緯を忘れてしまうくらいの遠い過去。そして、絶海の孤島という最涯ての地。夢見手にとって、そこは、これまではるかな時間と空間によって隔てられていた。この懸隔《けんかく》は、夢見手に、時間と空間の超越を要求する。

正確にいえば、相対化された時空を知覚することを、である。ユングは、意識にとって絶対性を有する時間と空間も、無意識にとっては相対的なものである、と繰り返し説いている（Jung, 1952, 1997）。

初期夢が強力な展望機能をもつことはすでに述べたが、初期夢のみならず、多くの夢が多かれ少なかれ展望的な特徴を示す。だから、これまでにも、いくつかの夢に関して、その内容が先取りであり予感であって、望遠鏡ではるか彼方にある目的地を眺めているようなものにすぎない、と説明してきた。「すぎない」のはまちがいない。けれども、この高性能の望遠鏡は、忘れてしまっている約束の鋭敏な発見器でもある。

夢見手は最涯ての島までやってきて、これから帰るところである。相対化された時空を知覚し、見失ってしまった約束を再発見して、その存在を思い出すことができれば、癒し・救い・闡明への道程は半ばまで、つまり折り返し地点まで至ったと考えてよいのかもしれない。往路と同様、これから幾多の波頭を越えて帰らなければならない。今後、真の目的地に近づいていくにつれて、目に映るものはどう変わっていくだろうか。

間奏——Uさんの主訴をめぐって

本書では、個性化に関する夢の元型的な内容に焦点を当てているので、Uさんの抱えている個人的問題にまつわる側面にはあえて距離を置いているが、このあたりが折り返し地点でもあるので、ごく簡単にふれておく。夢分析による神秘的融即への創造的退行は、Uさんが母親から充分に与えてもらえなかった一体感や守られ感を内的に体験し直すことにつながっていく。現実の母親のなかに見出せなかったものも、内界の元型的な母親像のなかには存在しうるからである。以下は、そのような角度からの説明になる。

最初の夢の「死者を甦らせる仕事」における死者は、すでに述べたように、今まで諸般の事情により生きてこなかった夢見手自身の別の側面と考えるのが妥当だろう。しかしながら、同時に、夢見手が幼い頃から強く希求し憧憬し続けていたにもかかわらず、どうしても出会うことのできなかった肯定的な母親像でもありうる。ふつう、夢の象徴は、じつにみごとに多義性を満たしているものである。

常若の観念を背景にもつ古殿地・新御敷地を思わせる静謐な空間、あるいは厚い壁のなかの見えない空間に広がっている梟の巣と多くの雛たちは、内界での母親像の再生とその保護的な豊穣性を指し示している。そのような母性だが、よい面ばかりではない。雀蜂の群れで表される支配性や破壊性などの否定的な側面もある。母性との一体感や守られ感をほどよく体験したら、否定的な側面とも対峙しなければならない。

その点、禁足の島で、古代の生き残りとうまく関われたのは大きかった。その生き物たちは、太古の時代を生きていたときほどの圧倒的な巨大さや凶暴さをもってはおらず、夢見手の用意した小さな壺におとなしくおさまった。おそらく、この禁足地のみならず、それまでに登場したほかの聖域や至聖所で夢見手が示していた無意識への真摯な態度が、こういうところで効いてくるのだろう。

無意識に対して、その価値や重要性を認め、自身に欠けているものを与えてもらった深い感謝の念を覚えつつも、それに溺れてしまうことなく、適切なうやうやしさをもって距離を保とうとする姿勢。そのあたりは、夢見手の持ち前の力といってよい。神秘的融即に呑み込まれてしまわず、そこから離脱して、もう一度戻るのに助けになるのは、そのような姿勢である。

禁足の島も、絶海の孤島も、生命の神秘的な起源である子宮を連想させる。太古の生態系の調査をすれば、そこに棲息しているものたちの原初的な生命力にふれ、民俗調査によって、隔絶された環境のなかで連綿と変わることなく続けられる古くからの営みの範型《パターン》を体験できるだろう。それが叶ったなら、今度は、捕まってしまわないうちに、急いで神秘的融即の状態から脱しなければならない。

禁足の島、絶海の孤島という子宮における神秘的融即から離れることは、そこから新たにこの世に生まれ出ることに等しい。そのための資格は獲得した。そのとき通る産道が、最涯ての島からの長く危険な往路の航海である。体験した神秘的融即が良質なものであればあるほど、そこからの離脱は難しくなる。夢見手の再生は、あるいはたいへんな難産になるかもしれない。

こうして、「死者を甦らせる仕事」は、母親の肯定的な側面の再生ということでもあり、新たな夢見手自身の誕生にもつながっていく。甦った肯定的な母親像は、弘法大師としての霊性をもつ妻という姿を先取り的に見せている。彼女の日常の祈りに備わっている法力は、とくに意図せずとも、周辺に取り憑いている邪を祓い、穢れを浄化する。そうして、夢見手の行く手を遮っていた霧を晴らす。

男性の内界に生きているアニマは、前にも述べたとおり、さまざまな面をもつ女性像として現れてくる。女王もいれば、下女もいる。女傑もいれば、淑女もいる。聖女もいれば、妖女もいる。しかし、いずれにしても、肯定的なアニマは、母親像の肯定的側面から分化してくる。そして、夢見手の進む個性化の道のガイド役として同行し、ときには行なうべきことを示し、またときには身代わりとなってくれる。

望遠鏡による先取り的、予感的な経験が多いとはいえ、Uさんは、これまでのところ、非常にみごとに個性化のプロセスを歩みつつある。現実の母親とのあいだの葛藤はいまだ続いているが、すでに、癒し・救い・闡明への道程の折り返し地点に到達している。今後は、内界における個性化のプロセスの進展を外界にどう関係づけ、どう根づかせていくか、という点も問われることになろう。

第六章

夢の展開（三）——集合的意識を前にしての自我の相対化

集合的意識との対峙

前章では夢7から夢14までを見てきたが、その要点は、いったん神秘的融即を利用して元型的な心身を取り戻しはじめ、ものごとの微細な側面を感知しうるようになったら、この原初的な融即を離れなければならない、ということだった。忘れられていた約束を発見し、時空を超えて現し世に持ち帰るためである。本章では、道程の折り返し地点以降にあたる夢15から夢20について考える。

Uさんの見た一五番目の夢はこうである。

夢15　役所が一部の人たちに、生活に関わりの深い証明書（出産証明のようなもの。そう珍しいものではない）を送りはじめた。この証明書自体は以前からふつうにあるものだが、最近は、その内容に心当たりのない人たちにもときどき届く。不思議に思っている人々に対して行政からの説明はなく、問い合わせにも回答がない。なぜか私はその領域の専門家ということになっているらしく、今回の不審なできごとについてのコメントを多方面から求められた。実際には私は当該の領域とはまったく縁がないのだが、どういうわけか、この件に関しては理由や目的に直観的な確信があった。私にはわかっている。そこで、「それは、証明書を受け取った人が資格を得たことを示すものです」とやや曖昧なコメントする。「資格」とは、たとえ本人にそのような自覚がなくとも、難関の審査を奇跡的に通過したこと、選ばれたことを意味するが、メディア相手にはそこまで明言せずにおく。

夢14に続いて「資格」がテーマとなっているが、内容にはいささか異なるところがある。この夢では行政が関与しており、証明書を送りつけている。「出産証明のようなもの」とあるので、母親との葛藤とも何か関係があるかもしれない。行政は集合的意識の担い手として資格の取得を通知している。ここでの問題は、資格の取得を通知する側もされる側も、その意義に対する自覚がないこと、無意識的であることである。

類似の状況としておのずと思い浮かんでくるのは、現代の若者が成人になることにまつわるあれこれである。彼らが成人の自覚をもつのは、かつてとちがって、なかなかに難しい。ある年齢に達したからといって、はじめておとなの秘密を知らされるわけでもない。入墨をするわけでもない。行政が主催する成人の日の式典の案内は機械的に届く。晴れ着での同窓会とはちがうのだ、という自覚がそこでどれほどもてるだろうか。

この夢においては、資格の取得が「難関の審査を奇跡的に通過したこと、選ばれたこと」を意味する。この資格は、厳しいイニシエーションの儀礼を成功裡に経験した者に与えられるものらしい。その点で、成人式という譬えは不適切ではなさそうである。成人の儀礼は、古い起源をもつ元型的な慣わしで、わが国ではまったく形骸化しているが、世界を見わたしてみると、今もなお過酷なやり方で行なっているところがある。

なにしろ、子どもとしての自己が象徴的に死んで、おとなに生まれ変わるための儀礼である。ライオンを一頭しとめてこないといけないとか、崖をよじ登って大きな蜂の巣を取ってこないといけないとか、命懸けの試練が課される場合も多い。よく知られているように、今や観光化してしまったバンジー・ジャンプも成人として認められるための課題だった。イニシエーションにおいては、それまでの段階から次なる段階への移行、心身の更新がなされなければならない。

この夢における集合的意識は、イニシエーションの意義を重視していない。古くさい伝統行事だと思っているのだろうか。気になるのは、行政や市民ばかりか、夢見手にも必要とされる自覚がないことである。「当該の領域とはまったく縁がないのだが」、「なぜか……その領域の専門家ということになっている」、というのだから。夢の状況のすべてがまるで他人事のようで、軽佻浮薄に見える。

ところが、そうであるにもかかわらず、夢見手は「この件に関しては理由や目的に直観的な確信があった」。そして、不可解にも、資格の取得が「難関の審査を奇跡的に通過したこと、選ばれたことを意味する」と知っている。それはなぜか。やはり、一つ前の夢14で絶海の孤島までの危険な旅を経験しているからである。夢見手はその経験を忘れてしまっているらしい。この夢による意識の盲点への補償はここのところで働いている。

忘れているというより、強大な集合的意識に搦めとられているのかもしれない。もっと端的にいうなら、現し世の集合的意識に対峙できていないのだ。夢見手は、夢14で、古くからの民俗のなかに痕跡として残っている約束を見出し、それを現し世の生に持ち帰る課題を負っていた。しかし、持ち帰った貴重な約束手形を集合的意識の光に照らしてみると、役所が送りつける意味不明の証明書程度にしか見えない。集合的意識はそのようなものに価値など認めないのである。

質のちがいの在処《ありか》

続いて、Uさんが見た一六番目の夢を示す。

夢16 平安時代の貴族の屋敷のようなところにいる。私はその姫に仕える者。屋敷のなかの掃除をいろいろな者が担当しているが、ある日から、それ以前にはなかったみごとさできれいになるようになった。姫は驚き、みなも誰の技なのだろうかと不思議がっていたが、じつはルンバのおかげであることがわかる。その後も掃除をやり比べてみるが、やはり、つねにルンバの圧勝である。人間では太刀打ちできないとみなが思いはじめ、ルンバの秘密を探るため、その収納場所（基地）を突きとめようという話になった。私はバイクに乗ってルンバの軌跡を何度か追いかけてみた。ルンバは町中を抜けて、川沿いを走り、古いトンネルか長細い倉庫のような場所に入っていき、奥へ奥へと進んでいく。まわりには粗大ゴミのような物がしだいに増えてきて、しまいにはルンバの軌跡もそのなかに見えなくなってしまった。追跡はそこで断念。その頃、ひとりの旅僧がたまたまその貴族の屋敷を訪れた。そして、しばらく滞在した。ある日、お礼にと言って彼のした掃除はそれはそれはみごとなもので、ルンバをもはるかにしのいでいた。みなが驚く。姫は人間の能力にあらためて感動している。

この夢においては、貴族の姫君や旅の僧が登場して、平安時代のようであるかと思えば、ルンバやオートバイなど現代のテクノロジーの産物もめざましい活躍を見せている。一〇〇〇年の時の隔たりのなかを縦横に駆けめぐる、タイム・トラベルさながらのスピード感が印象的である。夢見手自身、中世の貴族に仕える身でありながら、バイクを自在に乗りこなし、タイム・トンネルかワームホールのごとき超時空的な短絡路を往来しうる技量を見せている。

しかし、手放しで喜ぶわけにはいくまい。なんとなれば、ここに見られる時代の懸隔の様相は、一つ前の夢15と同様に、時のなかに置き去りにされている場所から現し世に帰ってきた者が突き当たる壁を思わせるからである。それは夢見手を意気消沈させかねない。この夢は、内界での先取り的な経験と外界の現実とのあいだに生じうる強烈な摩擦や齟齬への警報を含んでいる。

夢のなかで対照的に描き分けられているのは、屋敷の者たち、ルンバ、旅僧、それぞれによる掃除の質のちがいである。無意識由来のものは、意識には価値のないゴミに見えることが多い。それでも、ひたむきに無意識と向き合おうとする者は、ゴミと見紛うような夢を地道に、そしてていねいに集め続ける。心の古層に由来するものに対しては、やはり昔ながらの方法で接近するほうがよい。

初心者のうちは、夢を集めて活かそうとしても、屋敷の者たちによる掃除と同様、効率が悪いかもしれない。ところが、それが日常的で当たり前のことになるにつれて、作業にはしだいに磨きがかかってくる。整然とした無駄のない動きになるだろう。何ごとにおいても熟練ということはあるものだ。ただし、その作業がいつのまにか冷たい機械のそれのようになっていないか、気をつける必要がある。

つまり、夢分析のアナリザンドは、現実の壁を前にして無意識の力に対する信を失ったり、夢の記録が気持ちの入らない惰性による作業に堕してしまったりすることがあるのである。誰にとっても、非合理的なものの力を信じ続けることは容易でない。すぐその場でまちがいなく答えが出せる合理的な考え方や方法に頼りたくなるのは、たしかに無理からぬことではある。

ルンバによる掃除は表面上みごとだが、そこにあるのは、プログラム通りの動きで成り立つ危うい合理性である。当然のこと、人間らしさはない。手作業で丹念に掃除を続けてこそ、材にわずかな傷みが発生していること

図20　旅の聖（天理図書館蔵『三十二番職人歌合』より）
右側が「鉦敲（鉦打）」と呼ばれる時宗系の聖。ちなみに左側は「胸叩き」

や得もいわれぬ味わいが出てきていることに気がつく。しかも、私たちは、そういうところに、なにがしか自分自身の姿を映し見ているような思いを抱く。寺社や道場で掃除が修行の一環と見なされるのには相応の理由があるのだ。機械で代用することはできない。

ふらりと屋敷を訪れた旅の僧の掃除の質は図抜けている。よほどの行者なのだろう。往時には、旅の僧も遠来の威力ある神、すなわちまれびとと見なされていたことは、すでに説明しておいた。まれびとは強力な呪言を発して約束を交わす。第一章で紹介した一遍の開悟のエピソードを思い出してもらってもよい。一遍は遊行僧として諸国を遍歴して、阿弥陀の約束を伝え、苦悩を抱えて生きている無数の人々に救いを与えたのだった。

まれびとが置いていく約束の証には、いろいろなものがある。手形や足形はその一つである。実際の旅の聖《ひじり》（図20）、芸能民、芸術家、巡礼者らが宿を借りた礼として民家に残していくものとしては、護符や手彫りの小像、自筆の画や書、他郷の珍しい話などのほかに、屋敷や調度品のちょっとした修繕と掃除もあっただろう。掃除には、除災招福のような呪術的な意味もあり、ただの衛生保持のための作業ではなかった。

興味深いのは、夢見手がルンバの性能の秘密を探ろうとバイクで追いかけ、粗大ゴミのなかに姿を見失ってあきらめたあとに、かの旅僧がやってきたことである。ルンバはじつは粗大なゴミだった。それに対して、無意識に由来する夢というゴミ（に見えるもの）は粗大なものではない。きわめて微細にして精妙である。精巧で高性能な機械のごとき現実の合理性の追求をあきらめたところから、忘れられた約束の本格的な想起がはじまる。

異界への扉を通るには

次は、Uさんの一七番目の夢である。

夢17 ある舞台を観にいく。大規模な催しなので、会場の受付には、たくさんの受付係員が並んで座っている。ここの受付はたいへんな重労働である。なにしろ、多くの来場者の受付を捌かなければならないうえに、ひとりひとりの受付のたびに係員は一度死ななければならないからだ。そして、もちろん、間を置かずに生き返ってこないといけない。たいへんな負担のかかる仕事なのだ。係員のなかに、ひとり、顔見知りの若い女性がいた。次々に押し寄せてくる来場者を懸命に捌いているのが見える。私は別の係員の前の列に並んでいたので、そちらで受付をしてもらって入場した。しかし、ふと違和感を感じて、その理由を確かめるために、少し時間がたってから受付のところにもう一度行ってみる。混雑のピークは過ぎていたが、それでもまだ、受付作業は休む間もなく続いているようだ。彼女もまだやっているので、近くに行ってみる。彼女は私の姿を認め、軽く会釈する。その直後、押し殺した驚愕と戦慄の表情が浮かんでくる。私の違和感は的はずれではなかった。彼女はようやく気づいたようだ。この催しは、彼女が所属しているのとは別の、名前が非常によく似た団体のものであることに。つまり、彼女は自分の勘ちがいでこの会場におり、「死と再生」を繰り返すという危険な命懸けの作業をここでする必要はなかった。しかし、なにはともあれ、気づいてくれたのはよかった。

図21　熊野比丘尼（Mary and Jackson Burk Foundation 蔵『洛中洛外図屏風』より）
熊野観心十界曼荼羅の絵解きをしている

この夢は難解である。夢見手は大がかりな舞台への入口にいる。顔見知りの女性は、その異界への扉の門番のような存在だろうか。押し寄せる群衆をスピーディに捌くだけでも並たいていの苦労ではないだろうが、こともあろうに、ひとり受付けるたびに死んで生き返ってこないといけないのだという。いかに夢の世界とはいえ、そう簡単にできることではない。まさしく「たいへんな負担のかかる仕事」である。

ここに異界への扉があるとするなら、多数の熱狂的な来場者が焦がれてほしがるチケットは、一遍の配る念仏札をも彷彿とさせる。その当時は、多くの者がそれを求めて殺到したといわれている。念仏札は誰にでも極楽往生を約束した。少しばかり妄想を逞《たくま》しうするなら、夢見手の顔見知りの女性は、相手に念仏札を与えたうえに、ただちに浄土へと連れていって約束を成就させる役割を担っているかのようである。

思うに、彼女は、受付けた来場者とともにそのつど死んで、いっしょに異界へ連れていき、それからまた娑婆《しゃば》に戻ってきているにちがいない。永遠の約束の護持者として、彼女が現し世と異界のあいだを幾度も往来する姿が目に見えるようである。プシコポンポス（霊魂の導き手）なる敬称で讃えられるギリシア神話のヘルメス神でさえ、三途の川、ステュクスのほとりまでしか行かないことを考えると、彼女がしているのは通常のプシコポンポス以上の仕事といえよう。

私は、彼女の姿から、どうしても熊野比丘尼《びくに》を連想してしまう（図21）。勧進《かんじん》比丘尼、歌比丘尼などとも呼ばれたこの旅の尼僧たちは、だいたい室町時代から戦国時代にかけて、熊野牛王符《ごおうふ》なる神符や神木の葉（梛《なぎ》）を配りながら全国に熊野信仰や阿弥陀信仰を広めた（折口、一九三〇／一九三二、脇田、二〇一四）。熊野観心《かんじん》十界曼荼羅なる聖画に描かれている地獄や極楽を、人間のライフサイクルとも絡めて聴衆に絵解きしたことで知られる（図22）。

熊野比丘尼の仕事は、時代とともに勧進や教化から大道芸へと移行し、江戸時代になると俚謡《りよう》（俗な歌謡）を歌うことなどが芸の中心だった。ついには、遊女、売春婦の代名詞ともなっていく。ただし、この推移をただの堕落としてのみ見るのは片手落ちかもしれない。古代バビロニアの神殿売春なる慣習といわゆる聖娼（Qualls-Corbett, 1988）の働きに通じる面があった可能性もあるからである。そこに、ある種の元型の活動を見て取ることもできよう。

図22　熊野観心十界曼荼羅（蓮蔵寺蔵）

神殿売春はまれびとを歓待する風習の一環だった。どこからか神殿にやってきた得体の知れない旅人を遠来の神と見なし、待ちうけていた娘が性的に饗応したわけである。そのようにして、まずは神と結婚して契りを結ぶと、はじめて人と結婚する資格が約束された（折口、一九三〇／一九三二）。娘が一人前の女に生まれ変わるためのイニシエーションである。また、そういう風習とは反対に、聖娼のほうが遊幸《ゆうこう》する神（さまよう神）を体現するケースもあっただろう。

次々に客をとる歌比丘尼の場合は、もっとずっと俗化されたかたちだったと考えられるが、根底に同じ元型を見ることはできそうである。夢見手の顔見知りの女性は、そのつど「死と再生」という危うい橋を渡りながら、あとからあとからやってくる不特定多数の客と約束を交わす。一見《いちげん》の客とともにする「死と再生」のなかで、地獄と極楽の曼荼羅の世界をめぐり、絵解きをしているのかもしれない。

この夢における問題点は、夢見手が彼女を見て感じた違和感とは何か、そして彼女の表情に浮かび上がった驚愕と戦慄は何から来ているのか、である。夢見手は、彼女がその場にいることのそぐわなさに違和感を抱き、彼女が自分の勘ちがいに急に気づいて驚愕と戦慄を感じた、と思っている。話の筋としてはわからないこともないが、はたしてそうだろうか。夢は夢見手が意識できていることをわざわざあげつらったりはしない。

私たちは、この夢が夢見手の意識のいかなる偏りを補償しようとしているかをよく考えるべきである。彼女は永遠の約束という秘密を知る者として、その内容を孤独に体現し続けている。たしかに、「たいへんな」仕事である。しかし、おかげで、個としての独自の観点には磨きがかかり、群衆のなかにいても神秘的融即に呑み込まれることがない。彼女は夢見手にもそのようにせよと垂範《すいはん》しているかに思われる。けれども、夢見手にはわかっていない。

そうした観点から見た場合、おそらく彼女には団体のちがいなど問題ではなかっただろう。次に自分と死ぬ運命にあるのがほかならぬ夢見手だと気づいて、彼女の魂は震えたにちがいない。それが夢見手には驚愕と戦慄に見えたのだ。異界に導く者と導かれる者との因縁の出会いである。前世からの契り、約束、宿縁の相手。ファム・ファタール（運命の女）といってもよい（ただし、かならずしも悪い意味ではなく）。

これでアニマのあてどない旅も終わるかもしれない。すべては、夢見手とこのようにして再会するための旅だったのだから。夢見手もそのことを意識化する必要がある。一方、夢見手が受付を終えてふと抱いた違和感は、自分を受付けてくれた係員が定められた相手ではないことをどこかで感じたがゆえのものだったのではなかろうか。入場さえすればよいというものではない。こう考えると補償の働きが見えてくる。

内なる神仏の坐《いま》す世界

次に、Uさんの一八番目の夢を示す。

夢18　一〇〜一五名ほど集まり、屋外でしばらく運動をした。いつになくひどい疲れを感じるので、少し休憩をとることにする。カレーが出てくる。空腹に備えてあらかじめ作りかけていたものだ。私はまだ食事には早いと思う。それに、もうちょっと煮込まないとおいしくないにちがいない。いつのまにか、そこは屋内で、アリーナのような、円型で階段に囲まれたホールになっている。みなが座って見ているなか、ひとりが前（最前列の机のすぐ前。アリーナの底のふちのあたり）に進み出て、立ったままでまず一口食べる。彼の疲れが回復していくのが見て取れる。同時に、見ているだけの私たちにもその味が伝わってきた。意外にもおいしい。そのとき、たくさん投入されているスパイスの一粒ひとつぶがじつは小さい神仏であることに気づく。回復効果に納得する。

この夢では、夢見手がはじめにアリーナの外で感じていた異常な疲労が、アリーナの内に入るや、小さい神仏をその正体とするスパイスにより癒されている。しかも、驚くべきことに、ただ見ているだけで、癒しの効果がじかに伝わってきたのだった。スパイスが香り立ち、空気中に拡散する様子がよくわかる。スパイスはかつて、防腐効果があると信じられて保存食作りに使われたり、病魔を祓うのに用いられたりした。霊性、聖性、浄化力

図23　ユングが描いたマンダラ

が認められてきたわけである。

この夢の舞台であるアリーナは、一つ前の夢17に出てきた大がかりな「舞台」と何かつながりがあるのだろうか。古代のアリーナでは、闘士同士の、あるいは闘士と猛獣の、文字通りの死闘が繰り広げられた。あの夢のファム・ファタール、すなわちアニマが夢見手をここに導いてきたのであれば、そこが「死と再生」の決定的ドラマが演じられる場所であってもおかしくはない。ちなみに、スパイスは死体の防腐剤としても使われてきた。

アリーナ、円型闘技場は、その擂り鉢状の形態からして、いわゆるマンダラ構造を有している。マンダラは「死と再生」に縁の深いイメージである。ユングは、自身が心的な危機状態にあった何年かのあいだ、しきりに絵を描いていた（図23）。円や方形を基調とした、対称性のある幾何学的な絵の連作である。それらを描くことで、ユングは落ち着きを取り戻し、危機を乗りきった（Jung, 1971/1987, 2010）。後年、彼は、懇意の中国学者から、東洋には昔からそのような図像があって曼荼羅と呼ばれている、と聞いて非常に驚いた（Jung, 1971/1987）。

ユングは、自身の場合のみならず、ほかの少なからぬアナリザンドの描画や夢にも同様のイメージが現れてくるのを見出した（Jung, 1929, 1950）。彼らはいずれも、ユングと同様に、ひどく危機的な状態をそのようにして乗りきったのだった。ユングの慧眼は、その種の幾何学的イメージが、深刻な混乱に際して心の深層からおのずと浮かび上がってくる内なる最終秩序を表すことを見抜き、以後、マンダラと呼ぶようになる。臨床的には、マンダラのイメージが現れると、通常、状況が急速に改善に向かう。それは心を癒す霊薬と見なしてよい。

仏教などでいう曼荼羅は、宇宙の原理を表現したものだとか、須弥山《しゅみせん》の頂きにある仏の坐す宮殿の平面図ないし俯瞰図などと説明される。もともとは、命懸けで深い瞑想に入った行者が体験した最奥《さいおう》の闡明であり、世界やものごとの真の本質を啓示するイメージだった。まさに最終秩序である。このように曼荼羅は本来、瞑想のゴールだったが、のちには瞑想の出発点とされるようになった。そこには、開悟の約束があるともいえる。

わが国でいちばん有名な曼荼羅は、京都の東寺にある両界曼荼羅（『伝《でん》真言院曼荼羅』）だろう。弘法大師空海ゆかりのもので、胎蔵曼荼羅（図17）と金剛界曼荼羅（図24）のワン・セット。前者は宇宙の真理の大悲的な側面、後者は理智的な側面を表現している。図像としては、前者は幾何学的である以上に俯瞰性が目立ち、諸仏の世界の見取り図に見える。後者は抽象度が高く、より幾何学的である。曼荼羅は「まだら」の語源であり、種々のものが入り混じって全体を構成していることも表す。

図24　金剛界曼荼羅（東寺蔵『伝真言院曼荼羅』より）

第四章で八という数の象徴性について述べる際、中台八葉院のことにふれた。胎蔵曼荼羅の中心にあるのが八弁の蓮華たる中台八葉院で、中尊の大日如来のほか、八尊の如来と菩薩の住まいである（図25）。その周囲には方形の諸院が幾重にも配置され、それぞれに多数の神仏が描かれている。ちなみに、前節の拡充でふれた熊野観心十界曼荼羅は、厳密にいえば幾何学的図像とまではいかないが、極楽、地獄、現世が、あるいは現在、過去、未来が俯瞰的に描かれており、やはりマンダラ的である。

図25　中台八葉院
胎蔵曼荼羅（図17）の中心部にあたる

この夢においては、アリーナという円型の構造のなかに、スパイスとして香り立つ無数の神仏が配置されたかたちになっている。やはり、マンダラ・イメージの一種と見てまちがいなかろう。さすれば、アリーナの外で感じられた病理的な疲弊がそこでたちどころに癒されたとしても不思議はない。ただ、気になるのは、この強烈な疲労感の原因は何か、という点である。アニマによって「死と再生」の世界へ導かれたがゆえのことといってしまえばそれまでだが、もう少し奥がありそうな気もする。

ユングによると、神々（元型的な諸力）は、近代になって意識から存在を無視されはじめた。尊大になった人間が、長いあいだ神々として崇敬し畏怖してきたものをみずからの自我の力の一部だと考えだしたのである。神々からすれば、これは明白な違約行為。古くからの約束が反故《ほご》にされたのだ。そこで、神々は、人間の前に病気として顕現するようになった（Jung, 1929）。そうでもしないと、傲慢な自我と意識は考え方を改めないからである。

ユングのこの説明は、忘れられた神々の消息を私たちに考えさせる。この夢では、何かに取り憑かれでもしたかのようにひどい疲労が生じたことに注目したい。それは曼荼羅の神仏たちの仕業ではなかっただろうか。夢見手たちが、取り憑いていた無意識的な諸力をスパイスの霊的な香気として見出し意識化すると、それらは疲労の生産者から元型的な活力の付与者に戻った。忘れられた神々とその約束は、それほどの霊薬なのである。

蜂から学ぶべきこと

Uさんの一九番目の夢は、一三番目の夢と同様、個人的な水準のものなので省略し、二〇番目の夢に進もう。

夢19　省略

夢20　自宅の改築がはじまっている。作業をするのはもちろん大工さんたちだが、施主である私にも重要な役目があると棟梁が言う。それは「パートナー」（女性だろう）を連れてくることで、方法は決まっている。出窓から外に下りて、また同じ出窓から入るのだ。それを繰り返しているうちに「パートナー」が見つかり、連れて入ることができるようになるという。出窓はけっこう高い位置にあるので、道具も使わずに下りたり上がったりするのは難儀である。しかも、出窓の（外側から見て）右端からずり落ちるように下りて、上がるときには左端を力まかせによじ登らなければならない。右端を下りるときには、薄茶色ないしはベージュの直径一センチメートルくらいの多数の玉が壁と背中や脚とのあいだに挟まってチクチクする。これらの玉はおそらく生き物で、棘か針があるようだ。左端を上がるときには、同じような薄緑色の玉が挟まって、やはりチクチクする。ベージュの玉よりこちらのほうが痛い。そのような出窓からの出入りを何度も繰り返す。いまだ、「パートナー」の姿はない。そうこうしているうちに、薄緑色の玉のほうが、それまでにも増して痛くなったので、軒下を見上げると、脚長蜂《あしながばち》の巣が三つ、四つほどできている。周辺を何匹か飛び回っている。薄緑色の玉の正体が蜂であることは見当がついていたが、この状況で無理によじ登るといっせいに襲われる危険があるので、ひとまず玄関のほうに回って退避する。玄関横の木陰には軽トラックが停めてあり、運転席で大工さん（工務店の従業員）が仮眠をとっていた。

図26　餅花

この夢でまず気づくのは、夢見手と蜂のひそかな同一性である。たとえば、夢見手は改築中の家の出窓から何度も出入りしているが、これは、蜂がせわしく巣に出入りする姿と重なる。蜂は夢5にも出てきた。あちらの蜂は獰猛で危険だったが、今回のは危険性が格段に低い。ただの危険生物ではなさそうである。夢見手も、正体に気づいているのに、薄緑色の玉に繰り返し接触している。痛い思いをしながらも、恐れていない。うまくやれば、これまでに神秘的融即から得た力を活かしながら、その否定的側面を断つことができそうである。

脚長蜂は、美しいハニカム構造をもつ漏斗状の巣を作っては、しきりに補修を行なう。いわば、家の改築にも携わる、優秀な大工である。夢見手が蜂のように出窓から出入りするに際しては、ベージュの玉や薄緑色の玉との接触を余儀なくされている。刺激の比較的強い後者が脚長蜂なら、刺激の少ない前者はさしづめ蜜蜂か。蜜蜂が脚につけている花粉の玉が思い出される。夢見手は、蜂の生活に密着して、何かを学ぶ必要があるらしい。そこには、アニマとともにする「死と再生」も重なっているのだろうか。

垂れ下がっているベージュや薄緑色の玉は、いろいろな連想を刺激する。たとえば、伝統的な小正月飾りである餅花《もちばな》（図26）。柳などの枝にたくさんの小さな餅や団子を飾りつけて豊穣を予祝する風習である。まれびとが訪れる、霊的な再生の時期の到来を象徴しているのかもしれない。また、これらの玉は、天台系の修験者《しゅげんじゃ》が首にかける結袈裟《ゆいげさ》の赤や緑のまるい房（梵天）も連想させる（図27）。六個の梵天は六波羅蜜《ろくはらみつ》（彼岸に達するための六種の修行の徳）を表す。これらの玉に沿って降り登るというのは、修行のはてしない繰り返しを思わせる。それが

図27　修験者の装束（撮影 藤田庄市）
結袈裟の梵天は、行者の胸側に四個、背中側に二個ついている

図28　如意輪観音坐像（観心寺蔵）
右の第二手に如意宝珠、第三手に念珠、左の第二手に蓮華、第三手に法輪が見える

極楽への道となる。

そういえば、玉から玉へと次々に滑り移る姿は、数珠（念珠）の玉が繰られていく様子も思い起こさせる。数珠は真言や仏名や経を何回念誦《ねんじゅ》したか数える計算機であると同時に、魔を祓い霊を召喚するための呪具でもある。夢見手の「パートナーを連れてくる」という「重要な役目」にはふさわしい。また、数珠を仏が持てば、玉数一〇八の煩悩を抱える衆生を済度する力を表す。たとえば六本の腕をもつ如意輪観音は、ゆったりと下ろした右第三手（念珠手）からそのような数珠を垂らしている（図28）。

玉が「チクチクする」のは、それぞれが夢見手の煩悩だからかもしれない。その一つひとつの痛みを逃げ隠れできない状況下で味わいながら幾度も登り降りし、みずから全身で念珠繰りするなかで、夢見手はしだいに浄化されているのだろうか。夢見手の建築中の家は、巨大な仏像のようなものである。夢見手自身にはじめから内在している仏性、ユング心理学的にいうならセルフが、今おもむろに姿を現しつつあるらしい。

ところで、一般に、大工の棟梁は神職の仕事を兼ねる。上棟式では、棒の先に扇をつけた特別な御幣《ごへい》を梁《はり》に取りつけて、よき家霊《いえだま》が宿るよう儀式を執り行なう。家は、家霊が依り憑いてはじめて、生きたものになる。仏像でいえば、入魂式にあたる。夢見手は、そのために「パートナー」を見つける必要があるらしい。おのれの仏《ぶっ》性《しょう》、セルフを見出すというのはきわめて困難な課題だが、個性化はそれによって完成に近づく。

夢見手は最後に、眠っている大工を見つける。サボっているのだろうか。しかし、彼はあの棟梁の直属の部下である。ひょっとすると、瞑想しているのかもしれない。夢見手の自宅の、ひいては生き方やあり方の改修に不可欠な設計や工法は、神秘的融即に気をつけてさえいれば、蜂から学ぶことができる。蜂の巣は、その漏斗状のかたちから、極楽の蓮の台《うてな》と見なされてきた（図29）。蓮（はす）とは蜂巣（はちす）の謂いである。眠れる大工は、中台八葉院、八弁の蓮華の夢でも見ているにちがいない。

ここで再び思い出してほしいのが、第四章で紹介した、ユングのヨーガ行者の夢である。ユングは夢のなかで瞑想中のヨーガ行者を見つけ、自分が行者の見ている夢のなかの存在であることを悟った。そのような瞬間に、自我が相対化されてセルフが玉座に復位し、決定的な変容が生じる。Uさんの夢自体も、もうひとりの夢見手である眠れる大工の見ているものと考えてみてはどうだろう。

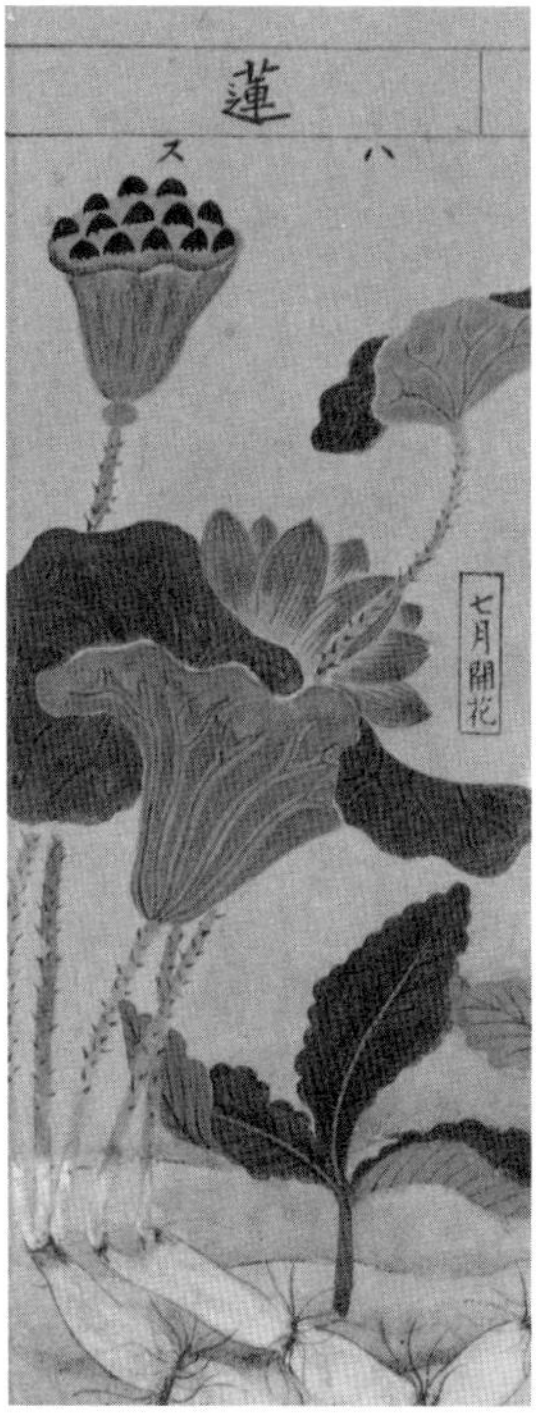

図29　蓮の台（森野旧薬園蔵、森野藤助筆『松山本草』より）
花弁が散って黒い種のできた蓮の台が左上に描かれている

夢見手は、一つ前の夢で忘れ

ていた神仏（スパイス）を再発見し、ここではもうひとりの夢見手の存在を知った。この展開により、自我の相対性の意識化が進むかもしれない。それは、現実と集合的意識の厚い壁を前にして意気消沈し、自我の重要性を再認識したあとのことであるだけに、よりいっそうの価値がある。そうなれば、いよいよセルフが本来の超越的な力を自在に発揮しはじめることになる。

第七章 夢の展開（四）――時空の超越および高次の融即へ

タオへの接近

ここまでUさんの二〇（正確には一八）の夢を検討してきた。残すところ、四つである。これ以降、抽象度や逆説性が増していくことになるだろう。夢による癒し・救い・闡明はいかにしてもたらされるのか。私たちは今、その核心部分に近づきつつある。では、Uさんの二一番目の夢を示そう。

夢21　私は陰陽師ないしは暦師を生業《なりわい》にしている。その年のよき日を定めなければならない。代々の師から伝わった定評ある定め方では、そのような日が二回ある計算になる。従来、この定め方によって、太極図を図案化したような二種類の印（黒と赤の色ちがいだったように思う）が暦の当該の日に記されてきた。私は、それにくわえて、私自身の経験や洞察にもとづく第三のよき日を選定し、別の色（緑か紫）の同じ印を記した暦を作成した。これからこの新しい暦を売って歩くことになるのだが、この力に満ちた日の選定が今までの暦の概念と効果を質的にまったくちがう次元に飛躍させる変革であることを確信しており、好評を博すことも強く予感している。

往古の陰陽師はたしかに暦の専門家でもあった。安倍晴明や蘆屋《あしや》道満《どうまん》など、その活躍が華々しい時代もあったが、時代がくだるにつれて徐々に零落し、漂泊の暮らしをするようになる。陰陽師村のようなところに、かりそめに集住することもあったらしい。彼らは暦を売り歩いて糊口《ここう》をしのいだ。ここで夢見手のしている仕事も、なるほど、ありそうなことではある。

漂泊を身上としていた者が仮住まいするとなれば、いかんせん、先行する定住者がそれまで居住するのを避けてきた境界領域が多くなる（老松、一九九七）。隣村との境界、あの世との境界、妖異との境界、聖域との境界などである。それが陰陽師の呪力の源にもなっていて、彼らとその霊力は定住民にとって畏怖の対象だった。陰陽師は、境界の向こうから来る災厄を塞ぎることのできる異能者であり、彼我の世界の力の均衡を保つ役割を担っていた。

夢見手が依拠している太極図は、陰と陽（黒と白）の勾玉に似た形状の図形が組み合わさった円のイメージで、宇宙の根源的な全体性を象徴している（図30）。そこにあるのがタオ（道）と呼ばれる秩序である。宇宙は陰と陽のバランスの変化からつねに転変しており、易では、その変化の原理を法則化して状況を読む。あの孔子も、四書五経の一つ『易経』を徹底的に研究したのだから、ただの占いと侮るわけにはいかない。

図 30　太極図

タオに適っていれば、すべてのものごとが調和のなかで変化し続けており、そこには対立がない。ユングは、タオについて、こう説明している（Jung, 1997）。「集合的無意識とつながりを持っていると、人は何も問題なしと思います。中国人がタオと呼ぶ感じを、ごく自然に抱いているからです。それは、ものごとがまさにあるべき状態にあって、完全に調和していることを意味します」。

抽象的すぎるだろうか。ユングはこの説明のあとに、ある心理学の教授から「タオとは何か」と問われた中国人学生のエピソードを紹介している（Jung, 1997）。彼は教授を窓のところへ連れていって、こう言ったという。「あそこに何が見えますか」。「家と木だね」。「そうですね。ほかには」。「丘と道だ」。「そうですね。ほかには」。「川が流れ下っていて、人々が橋を渡っている」。「けっこうです。それがタオです」。

陽が極まれば陰に転じ、陰が極まれば陽に転じる。それが自然に内在する変化のリズムである。おそらく、年に二回の「よき日」とは、そうした秩序だった変化の道筋のなかでもとくに陰と陽とが絶妙のバランスを回復するときを指すのだろう。譬えるなら、春分と秋分のようなものかもしれない。そのとき、調和のなかの調和、最高の調和の状態にある全体が姿を見せることになるだろう。

ところで、夢見手が新たに選定したとする「第三のよき日」とはいかなるものか。にわかに想像し難い。それは「暦の概念と効果を質的にまったくちがう次元に飛躍させる」というのだ。先ほども述べたように、陰と陽の転変にはリズムがあって、暦、つまり時間の経過と密接につながっているが、「第三のよき日」は、そのようなおのずからのバランスの出現とはちがう。「私自身の経験や洞察にもとづく」ものであることからすると、夢見手という存在がいればこそ起きるタオの実現が想定されているのかもしれない。

参考になりそうな話がある。ユングがある中国学者から聞いたという実話である（Jung, 1955/1956）。中国のある地方でひどい旱魃《かんばつ》があり、困った人々は、遠方から雨乞い師《レインメーカー》を呼んだ。ところが、その老人は、到着するなり小屋にこもってしまう。にもかかわらず、数日後には真夏の大雪が降ったのである。くだんの中国学者がわけを聞きにいくと、老人はこう答えた。この土地はタオからはずれていて、自分にもそれが感染してしまった。そこで、まずは自分がタオに戻るように努めたところ、おのずからこうなったのだ、と。ユングの術語でいえば共時的現象であり、非因果的な連関、意味深い偶然の一致がそこにある。
アクシデントが起きるのは、私たちがタオからはずれているからである。タオに適っていれば、ものごとは、既存のあれこれとぶつかることがない。もしも夢見手が自身のタオを実現する日を定め、全力でその試みを実行するなら、暦のうえで緑か紫のしるしが付されたその約束の日、世界のいっさい、すべての人々は彼のタオに感染し、最高の調和が実現することだろう。夢見手には、そのような超越的な内なる力が存在している。

時空の相対化

続いて、Uさんが見た二二番目の夢である。この夢については、部分的に省略してではあったが、第一章の冒頭で少し論じた。そして、Uさん自身の印象的な感想も記しておいた。以下に示すのが、夢の全容である。

夢22　数人で小規模な合宿か旅行に来ている。親戚の家のようなところ。スケジュールの合間に、友人とふたり、小高い山の道なき道を歩く。表面は草や木で覆われているが、岩山で雨あがりのため、とても歩きにくい。目的地は、峠の向こうにあるという小さな聖地。そこには、珍しい魚や両生類がいて、古くからの礼拝対象があると聞いている。苔が濡れていて足を滑らせ、あちこちにできている即席の小川にはまりながら、苦労して進んでいくと、岩の狭い隙間に挟まって建っている小さな小屋のようなものがあった。寺だろうか。そこが目的地らしい。訪れると、恰幅のよい布袋さんのような初老の和尚がいて、機嫌よく迎えてくれる。そして、まだ頼んでもいないのに、その地の由来を聞かせてくれたり、小さな滝のような渓流を前に、崇拝対象（石仏のようなもの）や稀少な生き物のことを細かく説明したりしてくれる。陽気で豪快な和尚である。何日かして、私と友人（はじめのとは別）は、用事で合宿所から電車で別の町に行かないといけなくなった。すぐ前が駅で、いったん電車に乗り込んだが、ある荷物を持ってくるのを忘れたことに気づく。見送りの者たちがいたが、頼んで持ってきてもらおうにも、荷物の場所はわかるまい。あわてて降りる。大急ぎで取りに行き、まだなんとか間に合うかもと思ったが、寸前で電車は行ってしまう。見ると、電車の走っていったレールの下に鉄骨などはなく、宙に浮いている。眼下には、岩ごつごつの渓流がある。仕方がないので、その浮いている二本のレールの上を歩いていく。すると、ほどなく、ほんとうにすぐ近くに、あの聖地があった。陽気な和尚の説明の声が大きな岩の向こう側から聞こえてくるので、それとわかる。今日は観光客が何人か来ているらしい。たどり着いて、説明の声をあらためて聞きつつ（岩の向こうで姿は見えない）、小さな滝のような渓流の狭小な岩場でけっこう水に濡れながら生き物の観察などをする。合宿所からまだ見えるくらいのところなので、こんなに近かったのかと驚く。

ここには、時間と空間の相対化が見て取れる。まず、時間の相対化については、渓流に稀少な魚類や両生類が棲息していることにほのめかされている。実際にも、たとえば渓流《たに》の精と呼ばれる岩魚《いわな》は、氷河期以前の姿のまま陸封されたものである。また、大山椒魚《おおさんしょううお》は太古の時代の生き残りとして有名で、岩魚と同じく、生きている化石と称される。布袋のような陽気な和尚もまた、そうした稀少生物と同様、原初の時代からそこにいるのかもしれない。

一方、空間の相対化については、峠の向こうの聖地への最初の探訪と何日後かの探訪との対比からそうとわかる。はじめにとても苦労してたどり着いた聖地に、数日後には何の苦もなく到達できている。機が熟していて、そこにタオがあれば、いっさいが共時性の原理に従う。万物が縁《えにし》のネットワークに編み込まれ、あらゆる地点が距離なしにつながっている。

夢見手は、大きな岩の向こう側から聞こえてくる和尚の声に耳を傾ける。和尚は誰かに説明をしているらしい。相手は今いる観光客だろうか。ひょっとすると、何日か前に和尚から説明を聞いていた夢見手たち自身かもしれない。時間が相対化されると、未来と過去がすべて「今現在」に流れ込む（老松、二〇一四）。空間が相対化されると、遠くも近くもすべて「ここ」に流れ込む。時空の相対化にともない、ものごとの経過がそれぞれ異なるいくつもの並行世界《パラレルワールド》が併存するようにもなる。

　ちなみに、この和尚は、いわば集合的無意識の化身であり、元型のなかの元型、セルフの像である。それは、私の内にありながら、私の外にいる。私自身の中核であるにもかかわらず、かつて意識化されたことのない見知らぬ存在である。セルフは、そもそも、物理的な時間や空間に縛られた領域にはいない。ひとたび顕現したら、周辺では時空が歪んでしまう。あるいは、時空が無化され超えられてしまう、というべきだろうか。

図31　十牛図 第10図「入鄽垂手」（相国寺蔵、伝周文筆）

　禅の悟りのプロセスを描いた、十牛図《じゅうぎゅうず》という一〇枚で一組の絵がある（上田・柳田、一九八二）。一二世紀頃に中国で成立したと考えられている。最後の第一〇図「入鄽垂手《にってんすいしゅ》」には布袋に似た坊主が登場する（図31）。彼は、開悟のあと、市場に向かっている。悟りの功徳を人々に分かつためである。悟りを周囲に感染させるのだ。ユングの高弟、マリー‐ルイーゼ・フォン・フランツ（一九一五～一九九八年）は、この状況を錬金術の作業《オプス》の最終段階、「増殖」に譬えている（Franz, 1979）。

　よく知られているように、錬金術では、鉛を黄金に変えることを目指す。もしくは、「哲学者の石（賢者の石）」の製造を目指す。哲学者の石には、接触した卑金属を次々に貴金属に変容させる感染力があるからである。このあたり、一つ前の夢21をめぐって論じた、タオの感染力と似ている。哲学者の石もまたセルフの象徴である。(ユングによれば、錬金術は深層心理学に非常に近い。重要なので、のちほど、第九章でも少し説明する。)

第一章で記した、この夢に対するUさんの感想を再び記しておこう。「和尚のお寺にはじめて行き着いたときには、苦労もしたが、いろいろな偶然にも助けられていて、運に恵まれたなという感覚が強かった。けれど、二回目には、ただの幸運で来ることのできる場所ではないことに気づいた。そういう約束になっていたというか……。聞き憶えのある和尚の声に、そう確信した。この声を最初に聞いたのは数日前などではない。ずっと前に聞いたことがあって、ああ、もともと知っていると思った」。

こうした空間や時間の不思議なつながりが、偶然の重なりからしだいに明らかになり、忘れられていた約束が息を吹き返す。夢見手は深い感動とともにそれを味わっている。そして、癒し・救い・闡明がもたらされる。個性化のプロセスが目指す全体性は、そのような体験とともにときおり顔を覗かせるのだ。一つ前の夢21における夢見手は陰陽師で、タオの実現という約束の成就を知らせる「第三のよき日」を世に示そうとしていた。今回の夢で夢見手が聖地を再訪したのは、ほかならぬその日だったのだろうか。

レールは宙に浮いていた。乗り遅れたのはさいわいだったかもしれない。宮澤賢治の「銀河鉄道の夜」でも、また西岸良平の『鎌倉ものがたり』でもそうだが、宙に浮いたレールを走る列車はあの世行きである。全体性がめでたく成就する瞬間というのは、じつは非常に危うい。もともと容易には一つになるはずのない対立し合うもののあいだに働くテンション、その場に居合わせた者を引き裂こうとする斥力《せきりょく》が、まさにそのとき、そこで最強になるからである。気軽に接近してはいけない。

癒し・救い・闡明をもたらす、時空の相対化ないし全体性の成就という課題は、ことほどさように、まことに厳しい。この課題を達成することは人が生きているあいだにはできない、とさえいわれる。死が訪れて霊魂がその原郷に帰るときにやっと実現するのだ、と。それゆえ、この夢でなされていることは、死と隣り合わせである。個性化のプロセスの極限は、全体性の成就とともに個が消滅していく領域になる。

大きな欲

さきの夢では、時空が相対化されたところで、対立し合うものの合一、全体性の実現という約束が成就されることがわかった。次は、Uさんが見た二三番目の夢である。おしまいから二つ目の夢になる。

夢23　私はいくつかの特殊な物を売ることを生業《なりわい》としている。占いと呪《まじな》いの中間のような効果を発揮する道具を売る仕事で、うちの家系が代々、受け継いできたものである。それらの道具のなかで最も強力なものは昔から世に知られている。ただし、それの場合は、売るというより、依頼を受けて私がかわりに遣って目的をはたすことになる。しかし、それをみだりに遣うことは避けなければならないし、実際に遣わざるをえないことは滅多にない。私もここ一〇年か二〇年、遣ったことはない。このところ、顧客数が徐々に減っており、私とちがって、マネージャーはずいぶん気にしている。例の強力な道具のことを知らない若い世代が増えているからではないか、何かそのことへの対策が必要だ、と彼は言う。その道具と技術を遣わなくても全然困らないので、私は懐疑的だが、彼があまりに強く主張するので、いつも出している広告の片隅に今回はその道具と技術の名前を小さく加えてみた。すると、驚いたことに、その後は、通常の道具の注文や仕事の依頼が殺到するようになった。私としては、例の強力な道具を遣う気はまったくないのだが、人々の記憶は一気に甦ったようである。

この夢には、夢見手が陰陽師ないし暦師になっていた夢21の続きという印象がある。今度は拝み屋か祓い屋のような感じで、素人には扱えない奇しき呪具《くす》を商っている。安易に遣えないのは、人間に対しても物怪《もののけ》に対しても、よほど危険な副作用があるからだろうか。へたに遣えば、死すべき者がけっして手を出してはならないレベル、乱してはならないレベルでの世界の秩序に影響をおよぼしてしまうのかもしれない。

この夢の注目すべき点の一つは、いま述べた、大局的見地からの倫理のようなことだろうと思う。夢の後半で、商売や利潤の追求といった世俗的な欲、小さな欲が問題になっているからである。それに対して、夢の前半の敵味方を超えた倫理は、世界の秩序を保ち安寧をもたらす、大きな欲とでも呼びうるものだろう。癒し・救い・闡明に関わろうとする者は、そのように浄化されている必要がある。

前節で、全体性の実現、セルフの顕現が諸刃《もろは》の剣である旨を述べた。今度の夢の理解にも、その観点はないがしろにできない。個性化のプロセスの極みに近づくと、セルフに秘められている力を多少とも遣えるようになるらしいが、やはり、超越的で極端に創造的な力には影としての強大な破壊性がともなう。そこでは個も相対化されているので、セルフの力を遣うこととセルフの力に遣われることとは区別しにくい。破壊的な衝動に呑まれないようにするのは容易ならざることである。

夢見手の生業には、広告や販促はなじまない。そんなことをするのは、霊感商法に励むようなものである。簡単に引っかかる人は少なくなかろう。夢のなかでも、大衆の記憶は一気に甦っている。小さな欲が刺激される。しかし、セルフの力の私物化は禁物である。セルフの力は、たとえ遣えることがあるにしても、私のものであって私のものでない。

集合的無意識は誰のものでもまったく同質である。私の集合的無意識、あなたの集合的無意識という区別はない（Jung, 1997）。集合的無意識はただ一つである。私自身の底へと深く深く潜っていけば、セルフはある。だからセルフ（自己）と呼ばれるが、「私」とはまったくちがう。セルフは集合的無意識の中心である。それは、私の中心でもあるが、誰もの中心であり、またそれ以上に世界の中心である。宇宙全体の秩序を創造するという大きな欲を実現するために存在する。そのことを忘れてはならない。

高次の融即へ

続いて、Uさんの二四番目の夢。これが最後の夢になる。

夢24　私はマウンテンバイクで、遠く離れた二つの地点のあいだを繰り返し往復している。一方は、私や家族や知人が暮らしている世界。他方は、それとは異なる世界。私は何かルーティンの仕事があって行き来している。距離はどうともいいにくいが、あえてこちらの世界の感覚になぞらえていうなら二〇〜三〇キロメートルに相当するだろうか。薄暗く湿った森のなかの舗装のない径《みち》を走っていくルート。苔生《こけむ》した石がごろごろしていたり、落ち葉が厚く降り敷いていたり、小川が流れていたりするが、いちおう小径はある。人里離れた奥宮に至るかつての参道のような感じだが、起伏は少ししかなく、とても走りやすい。人家もところどころにあり、そこに住んでいる人たちによってなのか、小径のほとんどがじつはていねいに手入れされているようだ。ただし、自然に溶け込んだ人家ばかりで、小径なのか人家の前庭なのか判別できずに、まちがって敷地内を走ってしまうこともある。長距離のオフロードなので、私の家族や知人は「いつもいつも、たいへんだね」と心配してくれるが、私には何の苦もない。汗ひとつかかない。疲れもまったく感じない。自転車で走ること自体がおもしろいのにくわえて、自然の泰然自若とした不動の部分も見えるし、ちょっとした変化や移ろいもじかに感じられる。自分が森の自然の一部になっている感覚と森そのものになっている感覚があり、楽しくて仕方がない。

シリーズの最後にふさわしく、この夢も興味深い。夢見手は、自転車で数十キロメートルを走るのに、「何の苦もない。汗ひとつかかない。疲れもまったく感じない」状態である。アスリートなら、「ゾーンに入った」と表現するかもしれない。より一般的には「フロー」である（Csikszentmihalyi, 1990, 1997）。しかも、夢見手は現界と異界のあいだを往復しているらしい。やはり、時間と空間の相対化が起きているのだろう。言い換えるなら、自我や粗大身の相対化ないし無化である。無我といってもよい。

しかし、意識は清明である。現し世の時空にはいないが、ぼんやりしていない。自転車で目的地に向かい続けているし、自然の不易なところや移ろいゆくところを繊細に感じ取ってもいる。意識は、以前のように、世界のなかで孤立してはいない。あたかも、世界全体をやわらかく包んでいるかのようである。

この意識は、濃密だがさわやかな時空連続体のなかに息づいている。そこには、もはや個と呼べるような特性はほとんどない。世界に広がっているからである。夢見手は、自然のなかにいて自然を感じてもいるが、「自然の一部になって」、「森そのものになって」、夢見手自身を眺めているようでもある。夢見手がいて森があるとはいうものの、どこまでが夢見手で、どこからが森なのか、判然としない。小径と人家が溶け合っているのと同じである。

夢見手と自然、あるいは夢見手と世界は、たがいがたがいを、どこまでも透き通って鮮やかに映し出している。譬えていうなら、夢見手から無数の小さな夢見手たちが放たれて、森羅万象の一つひとつに同一化しているような感じだろうか。鳥にも魚にも獣にも、また木にも草にも石ころにも、風にも雨にも土くれにも、それぞれに小さな夢見手が宿っていて、呼吸し合い、浄化し合い、映し合っている。

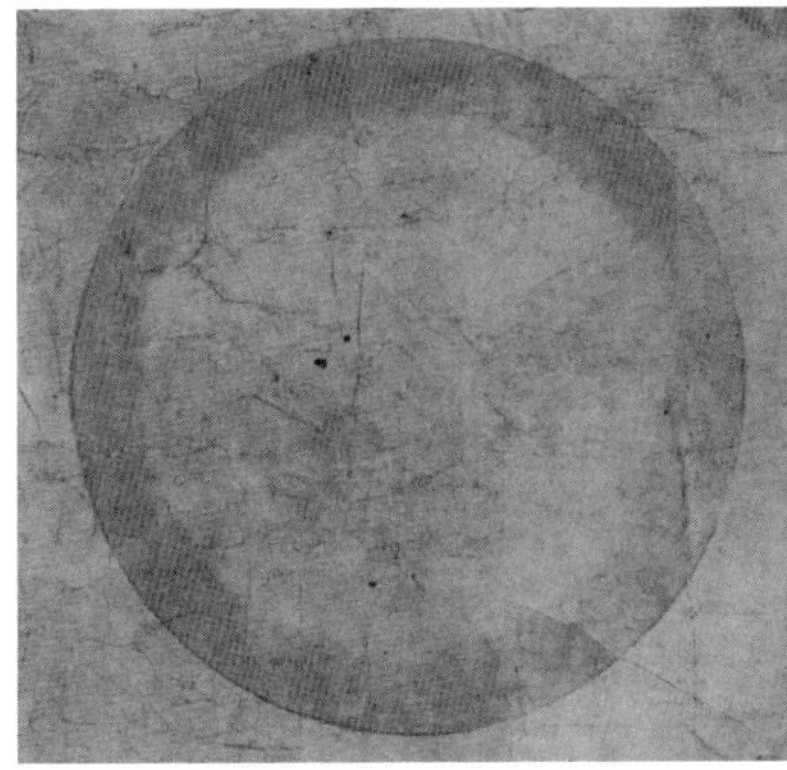

図 32　十牛図 第 8 図「人牛倶忘」（相国寺蔵、伝周文筆）

図 33　十牛図 第 9 図「返本還源」（相国寺蔵、伝周文筆）

しかも、それら小さな夢見手たちは、ちょうど錬金術師の増殖のオプスのなかで「哲学者の石」により触れられて次々に生成した黄金のように、それぞれが限りない輝きを発しているにちがいない。だから、たがいがたがいを輝かせているのだ。夢見手が「楽しくて仕方がない」のをそっくりそのまま反映して、世界のいっさいが歓びに満ちあふれて笑いさざめいているようでもある。

この世界には、特別なものがあるわけではない。いつもあるはずのものが、いつものようにあるだけである。にもかかわらず、そこに感じられる生命は圧倒的に生き生きとしている。少し前にもふれた禅の十牛図（上田・柳田、一九八二）では、第八図に「人牛倶忘《にんぎゅうぐぼう》」という悟りを表す円相がある（図32）が、それに続く第九図は「返《へん》本還源《ぼんかんげん》」と題されていて、円のなかに川と花咲く木が描かれている（図33）。その頌《じゅ》に「水自茫茫花自紅」とあるのが思い出される。

第一図から第七図までは、見失った牛（自己）を探すという一貫した課題がある。しかし、第八図以降、もはやそのような能動性は見られない。そして、第九図になると、川の水はおのずからどこまでも流れ、花はおのずから紅である。当たり前に存在する、いつものもの、同じものなのに、あらためて鮮やかに意識されている。それらから輝き出る生命の光のためである。

この夢における夢見手の経験には、悟りを開いたあとのこうした意識の状態に近いものが感じられる。「返本」も「還源」も、もとに帰るという意味である。だから、それは、当初よりあった状態、かつてそうだった状態、はじめから約束されていた状態として経験されるだろう。しかしながら、始原の状態に戻っているのではない。決定的にちがうのは、さきほども述べたように、何ものにも遮られたり隔てられたりすることのない清明な意識の存在である。

夢見手は、広い森の一本一本の木、一枚一枚の葉になっている。小さい夢見手たちがそれぞれに宿っているようだ、と譬えたとおりである。この状態は神秘的融即を思わせる。神秘的融即は、個がなく森羅万象と融け合った状態を指すから、たしかに似てはいる。しかし、意識が清明でなく、集合的な心の状態が優勢であるという点で、この夢における夢見手の体験とはいささか異なっている。

夢見手も融即の状態にはある。けれども、それは神秘的融即ではなく、あえていうなら高次の融即である。神秘的融即の状態から、個の確立を経て、その先ではじめて成立しうる、個を超越した融即の状態。そこには、いっさいのものとたがいを映し合う、清明で澄みきった意識がある。あたかもはじめから約束されていたかのようにある。これが癒し・救い・闡明でなくて何だろうか。

Uさんの変容

本章の最後に、今回の数カ月にわたる夢分析の期間およびその後におけるUさんの変容を報告しておこう。Uさんは、終盤になって、忘れていた約束を思い出すという経験した。それは非常に新鮮で、Uさん自身の奥の奥まで染み通るような感覚をともなっていた。どこまでも静かで、何の引っかかりもなければ、ぶつかるものもない。にもかかわらず、魂が震撼《しんかん》させられるような、存在の全面的刷新を感じたという。

Uさんは、約束の想起という観点から、自分であれこれを振り返ってみた。すると、その前の夢も、ほとんどがそれを暗示し、促しているように思われた。それだけではない。自身の生い立ちにまつわる苦しみや極度に強迫的な母親との長い葛藤の数々も、すべて今回の夢と同様、忘れられた約束の存在をそっとほのめかし、Uさんにいつかそれを思い出させる、という目標をひそかに共有していたとしか考えられなくなった。

それら有象無象《うぞうむぞう》がじつはネットワークをなしていて、その一つひとつがどれも重要なピースになっていた。そして、Uさんが約束を思い出したとき、それらはどれもがおのずからあるべきところにあるできごと、いわば自然の秩序に適ったできごとだったのだ、とわかった。そう、すでに約束の成就の先駆けとして、声なき声で語りかけてくれていたのに、ただ自分のほうが気づいていなかっただけなのだ、と。

Uさんは思った。母親のなかで神仏は強迫へと姿を変えていた。ところが、そのこと自体、癒しや救いの力の一部が発動していたもので、約束がなされている証なのだ。だから、急いで取り除く必要はないし、むしろだいじに保っていきたい……。母親の強迫をどこかしら愛しく感じはじめたUさんは、強迫的な決まりを拒んだり諌めたりするのではなく、逆に助力するようになった。

そこには、母親にも約束を思い出させてやりたい、というUさんの強い思いがある。Uさんが母親と衝突し続けてきた背景には、母親の強迫への嫌悪だけでなく、そのような母親を救い出せない自分への無力感もあった。しかし、いつしか、母親のなかにも約束はきっとあるにちがいない、こちらが無理矢理に救おうと思わなくても大丈夫、あれほど苦労してきた人が救われずしていったい誰が救われるのか、と信じはじめていた。

Uさんは、母親の前にさりげなく約束の証を置いておきたい、母親が自分で約束を思い出すきっかけになる何かをわたしたい、と考えた。しかし、なかなか適当なものを思いつかないので、ときどき実家に帰っては掃除をしてみたり、短い会話をしてみたりしたのだった。その掃除や会話には、いうまでもなく、母親が納得するような洗滌や消毒も含まれているし、被害的なひそひそ話も含まれている。

以前はあれほど嫌だった掃除や会話だが、Uさんは、それらの行為をすべて約束の証を母親に知らせるためにという気持ちで行なった。自身が約束を思い出したときの感覚を伝えたいと思って掃除や会話をすると、それだけでも新鮮味があり、歓びも感じられた。約束を想起する感覚を自身が思い返すと、母親に伝わるまでの困難さが少し相対化され、俯瞰しているかのように落ち着いたという。

重度の強迫につきあうのは、まことにたいへんなことである。実際、Uさんはこれまでずっとそれに振り回され、翻弄されてきたのだったが、以上のような姿勢で臨んでいるうちに不思議と母親の強迫は鎮まってきて、加齢のおかげもあったのかもしれないが、徐々に穏やかなものになっていった。母親からの強迫にまつわる要求にどう応えるにせよ、いかなる心持ちでつきあうかで成行きがまったくちがってくる、ということをUさんは経験的に知った。

Uさんは強迫の静穏化に安堵したが、同時に、母親の老い、活力の衰えも感じられ、かつての姿をときとして懐かしく感じている。そして、あれほどの問題を引き起こしてきた莫大な心のエネルギーの行方にも思いを致している。母親のなかにあった激しい破壊性は自分にもなにがしか伝わってきていたが、夢分析における約束の想起をきっかけに、その本来の姿である創造性に多少とも変容したのではないか。それが今のUさんの感慨である。

第八章

永遠の約束——癒し・救い・闡明の源泉

約束への注目

ここまで、計四章を費やして夢分析の展開を見てきた。夢はどれも多義的なので、その解釈には多くのバリエーションがありうる。したがって、夢が人をいかにして変容させるかという問いに対しても、たくさんの切り口が考えられる。本書では、そのなかから「約束」というキーワードを選んだ。そして、実際の事例において報告された数々の夢のなかに、その現れをたどってきた。

「約束」に注目した理由は、第一章、第二章で見たように、古来、参籠による夢待ちにおいては、洋の東西を問わず、神仏と人との約束が真剣に希求され、それが癒し・救い・闡明に関して重要な役割をはたしてきたからである。くわえて、夢とは直接の関係がない文脈においても、古くから続いてきた宗教や民俗の基盤に超越的存在と人間との約束があることはまちがいないからである。

ここで取り上げた夢分析の事例でも、「約束」という言葉は、夢の記述のなかには出てこなかったものの、夢見手による連想や近況の報告では、たびたび非常に印象的に語られていた。夢見手および周囲の変容が「約束」

を軸にして着実に進展したのは確かなことである。夢を拡充法にもとづいて検討する際にも、「約束」というキーワードがあれば、行きづまることがまったくない。

夢の力を考えていくためにそれほど重要で使い勝手のよい概念であるにもかかわらず、管見のおよぶかぎり、「約束」を中心に据えて夢を捉えようとした試みは見当たらない。あまりにも当然で、あえて言挙《ことあ》げするほどでもないからなのか、それとも、日常的にありふれていて、その奥深さが覆い隠されているからなのか。いずれにせよ、どうにも不思議なことである。

宗教や民俗のなかには「契約」や「誓約」にまつわる事象がいくらでもある。ユダヤ教、キリスト教、イスラム教などの大宗教における神と人間との「契約」もしかり、わが国の神話における天照大御神と須佐之男命の「誓約《うけい》」もしかり。この姉弟神は、いずれの主張が真実であるかをめぐって「誓約」を行なう。この場合には、約束というより、占いの結果を判断する基準としての側面が前景に出ているが、その取り決めの厳守ぶりたるやたいへんなもので、やはり立派な約束である。ちなみに、その背景には、Uさんの問題とも部分的に重なる、この姉弟神と母神との葛藤があった（老松、一九九九）。

宗教や民俗における約束の位置づけを見てみると、超越的存在と人間のあいだ、あるいは上なる存在と下なる存在のあいだの重要なコミュニケーションの手段になっている。いうまでもなく、天照と須佐之男の場合は神と人ではなく神同士だが、両者の誓約はさらに上位の見えざる神の前でなされていると考えてよい。そもそも占いは神意を問うために行なわれる。この場合の「神意」とは、上なる神の意志である。

話を戻そう。約束は、超越的存在と人間のあいだのコミュニケーションとして成立する。これは、夢が集合的無意識と意識のあいだのコミュニケーション・ツールであるという、ユング心理学の中核的な見方と重なるところがある。ユング心理学においては、集合的無意識ないし諸元型と意識の関係が超越的存在と人間のそれに照応する、と考えているからである。

この照応関係をふまえて考えるなら、夢と約束を並置して両者のつながりを検討する試みは理に適っているといえるだろう。そこで、次節以降、約束とその想起がもっている深層心理学的な意義をあらためて探ったうえで、Uさんの夢と連想に見られた約束の諸相を構成し直してみる。もって、夢による癒し・救い・闡明にはたす、約束とその想起の役割を明らかにしたい。なお、若干、繰り返しが多くなることをあらかじめ断っておく。

「約束の想起」の元型的意味合い

一口に約束といっても、ごく日常的なものから元型的なものまでさまざまで、じつに幅が広い。元型的な約束とは、つまり神や仏によってなされる約束のことである。第一章で一遍の開悟成道《かいごじょうどう》についてふれた。迷いのさなかにあった一遍は、夢で山伏姿の熊野権現に出会った。そして、衆生の往生は阿弥陀の本願によってすでに決まっている、と諭された。十劫《じっこう》以上の遠い過去にその願いは成就している。往生は堅く約束されていた。

私たちが生まれるよりずっと昔に、いわば勝手に交わされていた約束。内容はともかくとして、そんなものが私たちに対しても有効なのだろうか。はたしてそれが約束と呼べるのだろうか。私たち自身も知らなかった約束、すっかり忘却してしまった約束に意味などあるのだろうか。断言しよう。もちろん、ある。今まで知らなかったがゆえに、よりいっそう意味があるのだ。

元型的な約束は、その性質上、基本的に私たちが知りうるものではない。私たちにわかるのは個人的な約束のみである。集合的無意識、そしてその構成要素である諸元型。それは誰のなかにも等しく存在しているものでありながら、本質的に、かつてただの一度も意識化されたことがない。何か意識されたものがあるとすれば、それは個人的無意識の内容である。個人的無意識は、意識からこぼれ落ちた諸内容でできているのだから。

元型的な約束というものがあるとしても、知っている人は存在しない。憶えている人はひとりもいない。もと何も知らず、はじめからすっかり忘れている。原理的にそうなのだから、こればかりは仕方がない。元型は歳経ている。ユングの言を借りるなら、セルフは齢二〇〇万歳の老人である（Hannah, 1981）。それほどに歳経ているのだから、私たちが約束を知らないとしても無理はない。

元型的な約束は、例外なく、私たちの未生以前のものである。知らないからといって、忘れているからといって、誰の責任でもない。しかし、病んでいるとき、苦悩しているとき、迷妄のなかにいるとき、チャンスは訪れる。そのようなとき、人は、元型的な約束の存在をほのめかすものの存在に気づく。多くの場合、宗教や民俗がそのことを暗示する。あるいはまた、夢やヴィジョンがそのことを啓示する。

その約束は私と関係があるといえるだろうか。たとえ、それが癒し・救い・闡明をもたらす約束だとしても、私がその対象になっているのかどうか、わかったものではないではないか。いや、心配は要らない。元型は誰のものでもない。超個人的、非個人的である。ゆえに、元型的な約束は万人のものと考えてよい。みながその約束の対象になっている。誰のなかにも、自分のための元型的な約束がある。

元型的な約束は、万人にあらかじめ生得的に備わっている、癒し・救い・闡明の力の源泉である。いま困っているからといって、急いで新たな約束を結ぶ必要はない。遠い過去に交わされた約束は、今も有効である。しかも、何度使っても、その効力が減じることはない。私たちは、夢やヴィジョンの語る言葉に真摯に耳を傾け、ただ思い出しさえすればよいのだ。

元型的な約束を思い出すとき、人はおおいなる驚きと懐かしさ、そして深い安堵を感じるだろう。ひとたび心の底から思い出したら、人は変わる。というのも、それまでは超越的な力の存在を信じるか信じないかという問題だったのが、以後、その存在はまぎれもない事実となるからである。なにしろ、思い出したのだ。そういうものの存在をただ忘れていただけだったのだ。

ユングは、あるインタビューで、神を信じているかと問われたとき、「私は信じているのではありません。知っているのです」と答えた（Rosen, 1996）。ユングにとってあるときから神の存在が一つの事実になっていたのと同じように、元型的な約束を思い出した者には超越的な力の存在が現実のものとなる。むろん、その約束がすでに実現しているのか、それともこれから実現するのか、という問題は残るだろうが。

稀代の異能者、出口王仁三郎は、「秘密とは必ず示すということである」と言ってのけた（出口、一九六七）。いずれ示すために今は隠されている、というのだ。言いえて妙、けだし名言である。この伝でいくなら、約束はかならず現実のものとなるために存在するということになるだろう。いずれかならず成就させるためにこそ、今は未発の状態に保たれている、というわけである。

けれども、わずかながらの臨床的な経験にもとづいていうなら、忘れ去っていた久遠の過去の約束を思い出し、いったん超越的な力の存在が自明の事実となってしまえば、その約束がすでに実現していることを示す徴候をおのずから感じ取るようになる。いたるところに癒しと救いが見つかってしまうのだ。Uさんの場合にもそういうところが見られたことは、非常に興味深かった。

それにしても、遠い昔の元型的な約束を思い出したとき、同時に約束がすでに実現されていることを感じるというのは、考えてみれば不思議なことである。おそらく、これには、元型の超時空的なパラドックス性が関係しているのだろう。かならずしも、約束してあったから実現するというのではない。その反対も起きる。すなわち、この世で実現していることは、すべて過去に遡って約束される。そういう点では、元型的な約束とその実現は同時にして同義というところがある。

「約束の想起」のプロセス・モデルの全体像

さて、ここまで、Uさんの事例なども紹介しながら、夢が癒し・救い・闡明をもたらす仕組みを探求してきた。そこには元型的な約束が関わっている。Uさんの夢から抽出した要素は出揃ったので、ここでそれらを再構成して、夢の仕組みに関する一つのモデルを提案しておきたい。というのも、それらの要素は一かたまりになって動く傾向があり、実際の臨床場面では順不同に登場してくることが多いからである。

つまり、Uさんの夢ではかなりあとのほうになってようやく出てきたような要素でも、別の人の夢であれば、もっと早くに出てくることがありうる。そして、反対に、Uさんの場合にははじめから姿を見せていた要素が、別の人の夢にはなかなか現れてこず、最後の最後になって登場する、という可能性もないではない。どの要素がいつ出てくるかは、その夢見手の置かれている外的な状況や内的な理解の深浅などに左右される。

これらの諸要素は、ユングの言葉を借りるなら、一つのコンプレックスを形成していると表現してもよい。ここでいう「コンプレックス」は、むろん俗語としてのそれではなく、心的複合体の意である。なにしろ、一かたまりの複合体を形成しているため、そのなかの一つの要素がひとたび意識に浮上したならば、ほかのたくさんの要素もあとに続こうと押し合いへし合いしてもいっこうに不思議はない。

しかし、これら多数の要素を羅列的に示すだけでは、夢の臨床に役立てるのが少し難しいだろう。それゆえ、夢が「約束の想起」を介して癒し・救い・闡明をもたらす仕組みを、一つの典型的なプロセス・モデルとして描き出してみようというわけである。つまり、一かたまりになっているコンプレックスをていねいに解きほぐし、その展開図を一つの物語のようなかたちに再構成したい。ついては、一個人の夢に頼りすぎるのも憚られるので、これまでにもたびたびふれた折口のまれびと論の諸概念を援用する。

「約束の想起」にまつわる仮説的なプロセス・モデルは、次のような六つのパートから成り立っている。順に、「①プロセスのはじまり」「②プロセスの前半」「③約束の想起」「④集合的意見との衝突」「⑤プロセスの後半」「⑥プロセスの目的地」である。次節以降で各パートの内容を詳しく説明するが、それに先立って、全体像を思い描いてもらいやすいよう概要を述べておく。

「①プロセスのはじまり」では、この世ならぬ約束の存在に知らず知らずのうちに引きつけられる。生きていくうえでの苦悩や心身の病気などがきっかけになって、夢に、あるいは無意識に対して意識を向けるようになる。ついで、「②プロセスの前半」が進行する。ここでは、神秘的融即への退行のなかで心身を再構築しはじめる。同時に、諸元型との同一化が生じ、約束の存在におぼろげながら気づく。

「③約束の想起」は、「②プロセスの前半」の結果としてたどり着く、仮のゴールであり、先取り的なピークである。そこで、リアリティの程度はさまざまながら、未生以前からの約束を思い出す。夢見手にとって、癒し・救い・闡明の約束は（いまだ実現していなくとも）一つの事実となるが、その真偽や価値をめぐって「④集合的意見との衝突」が起きる。ここでトリックスターの働きが役立つことがある。

「⑤プロセスの後半」になると、「④集合的意見との衝突」を繰り返しつつも、永遠の約束という秘密の護持者として現し世と異界のあいだを幾度も往来し、そのなかで、かの約束がすでに実現していることを知る。この独自の観点の確立によって、神秘的融即にはほぼ終止符が打たれる。そして、「⑥プロセスの目的地」へと向かうことになる。そこでは一種の時空の超越が起きており、癒し・救い・闡明の約束が実現に向かうだけでなく、神秘的融即とは質を異にする高次の融即が生じてくる。

以上が全体像である。抽象的すぎたかもしれないが、この見取り図をあらかじめ頭に入れておき、次節以降に述べる各パートの詳細によってリアルにプロセス・モデルのイメージを捉えてほしい。

「約束の想起」への旅——往路

まず、「①プロセスのはじまり」である。夢から癒し・救い・闡明を得るプロセスは、生きていくうえでの苦悩や心身の病気などがきっかけになってはじまることが多い。苦悩や病気が人を否応なく内向させるからである。この内向が、ときに、夢に対する興味関心や注目につながる。夢のもつ展望機能は初期夢に最もよく現れる。初期夢は、忘れられた約束を発見するための望遠鏡の役割をはたすかもしれない。苦しむ人は、たとえそう意図してはいなくとも、遠い昔に交わされた約束の痕跡を探し求めている。

初期夢にかぎらず、深層からやってくる夢を理解しようと思えば、どうしても拡充法が必要になってくる。拡充法を行なうためには情報を集めなければならないが、そうした情報の多くを民俗儀礼や宗教儀礼などが提供してくれるだろう。夢見手はしばしば、提供される多様な情報のなかでも、神と人、あるいはセルフと自我が交わした約束の痕跡におのずから引き寄せられる。

そのような情報をヒントにして思いをめぐらせているうちに、夢見手はふと、懐かしいものに出会ったような気持ちになる。じつは、そこにこそ、夢にかすかに姿を見せた、はるか昔の約束の名残がある。たとえば、遠来の神まれびとと土地の精霊との約束にまつわる風習を彷彿とさせるような、深く象徴的なイメージが夢に浮かび上がってくる。

それは、夢見手自身も知らない、非個人的、超個人的な記憶である。そのような水準で交わされた遠い約束は、集合的無意識のなかにずっと保存されている。過去の誰かのために交わされたものではない。夢見手ひとりとのあいだでなされるものでもない。それは、神と万人との約束、過去から未来までに存在するすべての人間ひとりひとりと交わされた、元型的な約束である。

まれびとは、人から歓待されれば、磨り減った魂を新しいものと交換してくれる。そして、土地の精霊に対して呪言を発し、人間の安寧をきっと実現させることを誓わせる。つまり、まれびとは、人が癒し・救い・闡明を求め、そのために不可欠な「死と再生」を繰り返すことを可能ならしめる、超越的な力である。夢でそのようなイメージにふれたとき、夢見手はすでに、知らず知らず、元型的な約束を思い出すプロセスに足を踏み入れているといってよい。

「②プロセスの前半」では、神秘的融即と呼ばれる状態への退行のなかで心身を造り直すこと、あるいは心身を再構築することが、主たる課題となる。つまり、内向によって現実的な合理性の呪縛から解き放たれた夢見手は、夢に現れては消える元型的なものの淡い面影をたどるうちに退行し、森羅万象との未分化な一体性を体験する。世界との約束に包まれ、そのなかに溶けていくこと。それは、人に本能的に備わっている、癒し・救い・闡明の源泉である。

こうして、おぼろな約束の存在を漠然とでも感じはじめると、夢見手は、夢でいろいろな儀式の担い手になることが多くなる。それらの儀式のなかで、神秘的融即を利用しながら、集合的無意識とのコミュニケーションになじんでいく。とりわけ、約束に多様な交わし方があることを身をもって知るのはたいせつである。こうして、夢における旅は、前世の因縁、運命や宿命など、ありとあらゆるつながりの大海にたゆたう小舟でのそれのようになる。

困難な航海のなか、忘れていた約束を発見するときが来る。この「③約束の想起」は、「②プロセスの前半」の結果として生じる。ただし、ここでの約束の想起は、全航程の半ばにおけるできごとであり、かなり先取り的なピークである。ここでは、いくばくかの時間のパラドックスや空間のパラドックスが重要となる。夢見手は未生以前からの約束をわがこととして思い出したり、かつて交わしたらしい約束が目の前の試練を通過する助けになるのを知ったりするだろう。

しかしながら、約束についてのリアリティの程度は、夢見手によってさまざまかもしれない。たとえば、神秘家の体験のごとくに元型的な約束を真に感得したのなら、癒し・救い・闡明がもたらされるであろうことは、もはや信／不信の閾をはるかに超えて、すでにまごうかたなき事実となっている。夢見手は、超越的存在とかつて交わした約束を、一つの厳然たる事実として知ったのである。約束が実現することは、今や時間の問題にすぎない。

そうなったら、あとは、この深奥で獲得した宝物、つまり思い出した約束を、現し世に無事に持ち帰れるかどうかである。異界への旅は、生還できなければ意味がない。そのために周到に準備し、細心の注意を払って歩を進めてきたのだから。もしも約束の存在について感じられるリアリティが不充分で、想起した内容もあやふやならば、帰路に待ちうけている数々の苦難を乗り越えていけるかどうか、はなはだ心許ない。そのような場合には、いたずらに先を急ぐことなく、さらなる内向にじっくり取り組むべきだろう。

「約束の想起」への旅――折り返し地点

プロセスの折り返し地点で夢見手に立ちはだかる最大の難関の一つは、「④集合的意見との衝突」だろう。夢見手が、癒し・救い・闡明にまつわる未生以前からの約束を思い出したということ、そしてその約束が遅かれ早かれ実現されるのを決定ずみの事実として知ったこと。これは、既存の体制にとって、恐るべき脅威になる。発見した約束をそこに持ち帰って組み込もうとすると、衝突や摩擦が発生するのは避けようがない。一遍が賦算《ふさん》（念仏札を配ること）の際に遭遇した抵抗が思い出される。

集合的意見との衝突はさまざまな水準で起きるのだが、いちばん厄介なのは、公共の秩序を乱す者として犯罪者扱いされたり、規範に背いた者として苛烈な誹謗中傷を受けたりする状況かもしれない。集合的意見は意識の世界の支配原理にほかならず、人の常識ある振るまい方や考え方を教えてくれるものなので、それ自体は、好むと好まざるとを問わず、必要なものである。ゆえに、その圧は、よくも悪くもきわめて強い。

一方で、集合的意見は、紋切り型の道徳的教訓を闇雲に押しつけるため、その場その場の個別的状況にはそぐわないことも少なくない。だからといって、反旗を翻すとたいへんなことになる。ただちに不適応を意味するからである。往路のプロセスで獲得してきた得難い体験、遠い日の忘れられた約束の再発見が、集合的意見によって頭から否定されたり、価値のないものとして切り捨てられたりするのはまちがいない。

生まれる前に交わした約束などと、いったい何をいっているのか。憶えのないものを今さら思い出してみたところで、何の意味があるのか。癒しも救いも闡明も、今どこを探したって見つからないじゃないか。集合的な意識の光のもとでは、往昔の約束など、意味不明の古文書に等しい。そういった集合的意見への同調を強いられると、せっかくの貴重な体験が急速に色褪せて見えはじめ、夢見手はしばしば孤立感を抱き、すっかり意気消沈してしまう。

これは、ある意味で、神秘的融即の悪影響であり、その否定的な側面があらわになったものともいえる。過剰適応のなかで個が失われた集合的なあり方は、神秘的融即に退行した状態とかかわりがないからである。ここでなすべきことは、中途半端な神秘的融即から完全に離脱することである。「②プロセスの前半」では、神秘的融即の積極的な活用が、約束を体感したり発見したりするのにおおいに役立つこともあったのだが、折り返し地点に到達すると、反対に非常に危険になってくる。本能的な神秘的融即を断ち切った、個としてのあり方が強く求められる。

そういう場合、ときに有用な働きをするのがトリックスターであることは興味深い。夢に登場するトリックスターは、集合的意見がもくろんでいるのと同様に、発見され思い出された約束を失効させようとする。トリックによって出し抜き、約束を反故にしようとするのである。したがって、そのままだと非常に破壊的なのだが、トリックスターには自分で自分に罠を仕掛けるという究極のトリックがあり、ときとしてそれが炸裂する。

その好例が、まれびとに対する土地の精霊の「もどき」である。トリックスターたる精霊はまれびとの呪言に服従することに抗い、茶化したり無視したりする。もどいて、呪言の無価値化を図るわけである。ところが、そこに、トリックスターの奥の手が仕込まれていることがある。自分で自分のトリックに引っかかって自滅し、まれびとの約束を堅固なものにする、という大どんでん返しを起こすのだ。トリックスターの面目躍如である。

有能なトリックスターの仕掛けるトリックには、そうした意外なパラドックスが含まれている。パラドックスは対立し合うものを合一させる働きをもつ。だからこそ、衝突という状況においては、トリックスターによる助けが貴重である。一見すると不可能に思える約束——癒し・救い・闡明に関わる——がほんとうに成り立つとすれば、その約束がトリックとともにあるからかもしれない。

「約束の想起」への旅——復路

本格的に「⑤プロセスの後半」に入ると、夢見手は、「④集合的意見との衝突」を繰り返しながらも、容易には理解し難い元型的な約束の護持者として、現し世と異界のあいだ、意識の領域と無意識の領域のあいだを頻繁に往来することになる。というのも、かの約束が、これら二つの領域をつなぐ働きを本分としており、もともと重要なコミュニケーションのツールとしてはじまっているからである。

この奥深い秘密を知ってしまった者は、まことに皮肉なことではあるが、それをみずから体現せざるをえない。さもないと、集合的意見に流され呑み込まれてしまうのは必定だからである。非常に孤独な作業が続くことになるが、そのおかげで、夢見手の独自の観点にはしだいに磨きがかかっていく。そして、ついには、神秘的融即からほぼ離脱することに成功する。

永遠の約束を思い出した者がそれを体現させられるときには、さまざまなかたちが選ばれることになろう。しかし、基本的なパターンはある。まれびとと土地の精霊との関わりをここでも例として用いて表現するとすれば、祟りをもなしうる遠来の荒ぶる神を謹んで迎え入れ、丁重にもてなし、うやうやしく送り出す、ということになる。より正確には、そのための日頃の準備を欠かさず続けるのである。

まれびとを集合的無意識を代表するもの、すなわちセルフの象徴と見るならば、土地の精霊は集合的な意識を表している（既述のように、トリックスターとして機能する側面もあるが）。人はもちろん夢見手の自我である。夢見手はこの二つの領域を繰り返し往還して、あいだをつなごうと試みる。そして、その苦労が報われるときが来る。ついに、まれびとがはるばる訪《おとな》うときが来て、土地の精霊に、つまり集合的意識に約束というものを知らしめるのだ。

まれびとを迎え入れてもてなすことができるのは、日頃の準備を怠りなく続けてきたからこそである。二つの領域を行き来してきたことが、その準備にほかならない。こうして、元型的な約束は、意識の領域にも確実にとどまれるようになる。もう意気消沈している必要などない。遠からず、癒し・救い・闡明がもたらされることになるだろう。そこが「⑥プロセスの目的地」である。

しかしながら、この目的地においては、ほかにも、見逃すことのできない重要な事象が起きるようである。そして、それが、癒し・救い・闡明が生じる背景をなしている。つまり、ここでは、神秘的融即とは質を異にする、高次の融即とでも呼ぶべき状態が生じるのである。夢見手は宇宙全体に広がって、森羅万象のそれぞれに小さな光として宿っている。

もはや時間も空間もすっかり相対化され、あるいは無化されて、矛盾や葛藤は起こりようがなくなる。あらゆる対立や衝突が、いうなれば、並行世界的な多次元の同時的な重なりのなかに解消されていく状態である。いっさいが調和のなかにあり、たがいを映し合う。『長谷寺験記』の表現を借りるなら、光り輝く「自在の身」を得て、融通無碍となった状態といえよう。夢見手は宇宙そのものになっている。

「自在の身」は、長谷観音に結縁した生きとし生けるものみなが果報を受け、仏になろうとしている様子、往生する際の姿を表していた。もう、こうなると、癒し・救い・闡明にあずかっているのは当たり前で、とりたてていうほどのことでもなくなる。融通無碍なる自在の身という大海の水面に立つ無数のさざ波のようなものにすぎないのではないかとさえ思われる。

「神秘的融即とは質を異にする」と述べたが、かといって、まったく無関係というのではない。まちがいなく、それは、かつての神秘的融即を土台としている。神秘的融即なくして高次の融即は生じえない。神秘的融即は自他未分化な混沌とした一体性ないし全体性のなかでのあり方で、質的には低次のものである。しかし、よき神秘的融即の体験、あるいは再体験を充分にしたそのときにこそ、高次の融即という花の種が蒔かれる。将来の飛躍への約束が交わされるのである。

第九章　夢うつつ法——甦る古代の夢見の術

夢うつつ法とは何か

第四章から第七章にかけて扱った夢分析の事例では、すでに示唆しておいたように、少し変わった技法を用いている。夢うつつ法というオリジナルなやり方である（老松、二〇一八）。本章では、遅ればせながらではあるが、この技法について説明する。できることなら事例を提示する前に紹介しておきたいところだったが、本書の目的が不明瞭になるのを避けるため、あえて先延ばししてきた。

事例の夢見手のUさんは、夢うつつ法のおかげで、非常にスピーディかつ安全に個性化のプロセスを歩むことができた。それ以前に基礎となる分析経験があったとはいえ、わずか数カ月ほどでここまで到達するのは、通常の夢分析の進度を考えれば驚異的といってよい。夢うつつ法に関して「倍率の高い望遠鏡を早い段階で手に入れる方法」と述べておいた理由もわかってもらえると思う。

「夢うつつ法」という技法そのものは、いたって簡単である。真剣に困っているがどうにも答えが見つかりそうにない疑問があれば、その問いをしっかり思い浮かべ、自分なりの仮説をあれこれイメージしながら眠りに就く。そして、翌朝、寝床のなかで夢を思い出したら、半覚醒状態のままでその夢の意味を考え、メッセージを可能なかぎりその場で理解してしまう。寝床から起き上がるのは、そのあとにする。そういう方法である。

半覚醒状態で夢の理解まで行なうところから、夢うつつ法（half-awake-half-asleep dreaming, HAHA-dreaming）と名づけた。夢を思い出しているあいだに半覚醒状態を通りこして、ぱっちり覚醒してしまったとしてもかまわない。その場合には、横になったままで理解をすませればよい。これだと、文字通りの夢うつつの状態ではないが、何よりたいせつなのは、夢の時間の続きのなかにしばらくとどまることである。

とんでもなくおもしろい夢を思い出していたのに、体を起こした瞬間にすっかり忘れてしまった、という経験は多くの人にあるだろう。おもしろい夢だったという感覚だけが残っていて、とても口惜しい思いをする。この事実からもわかるように、目が覚めたと主観的には思っていても、体を起こすまではほんとうの覚醒状態にまで至っていないことが多い。朝、目覚めても、不用意に起き上がってはいけないのだ。

夢を忘れるのには、いろいろな理由がある。不快な内容だったから、ということもあろう。だが、たぶんもっと大きな理由は、意味がちんぷんかんぷんだったからである。意味不明なものを記憶するのは、意味のわかるものを憶えるよりずっと難しい。明瞭さを好む意識の傾向からすれば、奇妙きてれつなイメージを憶えておくのが容易でないこと、そして端《はな》から受け入れ難いことは、火を見るより明らかである。

念のため述べておくが、ここで「意識」といっているのは、覚醒状態のそれのことである。清明な意識は曖昧さを受付けず、不鮮明な部分をできるだけ削ぎ落としてはっきりとしたものにしてから受け入れようとする。夢は、突き刺すように高温で強い意識の光に当たれば、一気に跡形もなく蒸発する。影のように消えてしまう。この難しさは、意識と無意識の関係性の縮図ともいえる。

一言で「意識」といっても、夢のなかの自我（夢自我）がもっている意識は、少し性質がちがう。覚醒状態の意識のように清明ではない。夢自我のもつ意識は、ものの考え方や感じ方のパターンとしては覚醒状態の意識と基本的に同じだが、矛盾や曖昧さに対してははるかに寛容である。夢自我は、理屈に合わないことであっても、少々なら拒まない。そのため、起きてからかろうじて思い出した夢で、夢見手が自分のとった行動の理由を説明できないこともある。

夢うつつ状態の半覚醒的な意識は、覚醒している意識と夢自我の意識との中間的なところに位置づけられる。不合理や曖昧さを排除する際の基準が、前者ほど厳しくなく、後者ほどゆるくない。それゆえ、夢うつつ状態の意識は、不合理や曖昧さをある程度保ったまま夢を理解したり整理したりするのに向いている。覚醒状態の意識には苦手な、ものごとの矛盾に満ちた本質を捉える仕事には適任である。

夢自我は、偏りのある清明な意識を象徴する存在である。つまり、夢のなかの所与の状況における「私」の考えには、自分で気づいていない偏りがつねに含まれている。補償され修正されて当然なほどの、ひどい偏りがあるのだ。だから、夢自我のもつ意識は、不合理や曖昧さへの耐性が高いとはいうものの、そこでの矛盾や対立に架橋することはほとんどできない。

対立し合うもののあいだに和解をもたらす努力をいちばんしなければならないのは、いうまでもなく、覚醒状態にある自我 - 意識である。自我 - 意識の最も嫌がる苦手な作業だが、かといって、力不足の夢自我に押しつけてはならない。押しつけようとしても無理である。そこで、夢うつつ状態の意識の出番となる。この中間的な意識は、不合理への耐性をもっているし、無意識の使うイメージという言葉をまだ忘れていない。いくぶんかは自分でも使える。そこに希望がある。

ゾシモスの夢見の術

前節で「夢うつつ法と名づけた」と述べたが、この技法は私が発明したわけではなく、命名したにすぎない。由来はといえば、古代ギリシアの最も著名な錬金術師のひとり、パノポリスのゾシモスである。彼は紀元三世紀から四世紀にかけてアレクサンドリアで活動していたことが知られている。錬金術にもさまざまなタイプがあるが、ゾシモスのそれは秘儀的な色彩が濃いことが特徴である。

錬金術については第七章で少しだけふれた。そして、錬金術には深層心理学との浅からぬつながりがあることをほのめかしておいた。錬金術とは、鉛などの卑金属から黄金を、もしくはその前段階である「哲学者の石」を作り出す、秘密の技術と思想を指す。中世ヨーロッパのそれがよく知られているが、もっとずっと前、古代の大きな文明にはたいてい錬金術の痕跡が残されている。

錬金術書は、この画期的技術の秘密を隠しておく必要もあって、きわめて象徴的に記されており難解である。でたらめではないかとすら思ってしまう。ところが、ユングは、元型的なイメージを求めて多種多様な古い文献の渉猟を重ねるうちに錬金術書に行きあたり、そこで重要な発見をした。すなわち、錬金術書に記されている物質の化学的な変容のプロセスに、人間の心理学的な変容のプロセス（個性化）が投影されていることを見出したのである（Jung, 1944, 1955/1956）。

ユングは晩年を錬金術書の研究に費やし（Jung, 1942, 1944, 1946, 1948, 1954c, 1954d, 1955/1956）、ゾシモスの論説にも関心を寄せた。ゾシモスの論説のなかには、彼自身の夢を記したものがある。「かの術についての神聖なるゾシモスの論説」というのがそれである（従来、「美徳について」と訳されていた）。この論説に関するユングの注解を、私は先般、まことに拙い訳だが『ゾシモスのヴィジョン――古代ギリシアの錬金術師による夢見の指南書』と題して出版した（Jung, 1954c）。

ゾシモスの論説における夢の取り上げ方は非常に興味深い。それで、訳書の巻末には、「ゾシモスから夢見の術を盗み取る――『夢うつつ法』が開く世界」という解説を付した（老松、二〇一八）。副題からもわかるとおり、そこでのゾシモスの夢見の技法こそが「夢うつつ法」である。たぶん彼自身はそれを意図的な技法として用いているわけではないので、もともとは名前などない。しかし、現代の夢分析にも広く応用することが可能と思われたので、私が勝手に名前をつけ、一つの技法として位置づけてみたのである。

ゾシモスは論説のなかで自身の体験を述べている。そのとき、彼は、「かの水」あるいは「神の水」の構成や錬金術の諸々のオプスをめぐって考えをめぐらせていた。「かの水」とは、オプスの鍵となる謎の物質である。そこからがおもしろい。「そして、このように話しているうちに、私は眠ってしまった」。ゾシモスは眠りに落ち、夢のなかで、世にも恐ろしい地獄のような光景を目にする。イオンと名乗る至聖所の司祭がみずからを生贄として捧げるところを見たのである。

司祭は何者かによって相当に手荒なやり方で拉致される。そして、剣でバラバラにされたあと、骨と肉片を再接合されて焼かれていた。苦悶する司祭からゾシモスが経緯を聞くうちに、司祭の両目は血のようになり、自分の肉をことごとく吐き出す。それから、四肢を切断されたホムンクルス（錬金術によって生成される人造の小人）へと変相する。彼は自身を噛み裂き、みずからのなかへと崩折れていった。

惨劇の一部始終を目撃したゾシモスは「恐怖でいっぱいになって眠りから覚め、こう自問した。『これはもしや、かの水の構成のことではあるまいか』」。このあたりがさすがに知恵ある賢者と思わせるところで、ゾシモスは、悩み続けていた問いへの答えが夢に象徴的に現れたことを鋭く直観している。さらには、その内容の正しさを確信するに至る。

ところが、興味深いことにゾシモスは、目を覚ましたかと思ったらすぐにまた眠りに落ちてしまう。「私は自分が充分に理解できたのはまちがいないと思った。そして、また眠り込んだ。すると……」。今度は、無数の人々が沸き立つ湯のなかでもがき苦しんでいるのが見えた。かの術の恩恵にあずかりたいものが責め苦によって霊になろうとしているところなのだという。ゾシモスはその説明を、自身が霊であり霊たちの番人でもある灰色の理髪師（館の主）から聞いた。

そのとき、青銅人間が現れて、群衆になすべきこと、注意すべきことを告げた。館の主はゾシモスに、その青銅人間こそ、犠牲を捧げる者でもあり犠牲とされる者でもある司祭にほかならないことを明かし、ここで力が与えられるのだと教える。この光景を目の当たりにしてゾシモスは「再び目覚め」、こうひとりごちる。「この沸き立つ白黄色の水は神の（水）なのだろうか」。そして、「ますます理解が進んだ」ことを納得する。

いよいよ、ここから、ゾシモスによる錬金術の手順と奥義の説明がはじまる。ゾシモスの夢によって開示された錬金術の奥義は、個性化のプロセスの極みを明らかにしている。霊と化した司祭に力が付与されることからも、それは見て取れるだろう。一連の夢に対するユングの解釈もおもしろい。しかし、ここで私が注目したいのは、個性化の秘密の様相を垣間見るためにゾシモスが用いた方法である。

ユング派的明晰夢

ゾシモスの独特な夢見の術から、夢うつつ状態のもつ強みが見て取れる。通常の夢分析では、覚醒状態の意識が、対立し合うもの（葛藤や矛盾）のあいだに働く破壊的なテンションに耐え、架橋的なパラドックスを強くしなやかに受け入れていけるよう、じっくりと時間をかけて問題に向き合っていく。ところが、夢うつつ状態では、ただちにそれと似たことができる。半覚醒状態の意識には、覚醒状態のそれのような強さとしなやかさはないが、特殊な明晰さがあるからである。

夢うつつ状態の意識のもつ明晰さは、夢との絶妙な間合いによるものと考えられる。夢そのものからはすでに抜け出ていながらも、いまだ隣から覗き込もうと思えばそうできる、とでもいうような間合いである。これは、夢にまつわる専門用語で「明晰」と呼ばれている状態とはいくぶん異なるのだが、それでもなお、明晰という表現がしっくりくるように思う。夢はまだそこにある。

いわゆる明晰夢（LaBerge, 1985, Mcphee, 1995）は、ユング派の技法ではない。夢のなかで夢自我が「これは夢なのだ」と気づき、明晰な意識を取り戻して、覚醒状態の自我と同等の判断力と認識力をもって行動する技法である。しばらく訓練すれば、夢が夢であることに気づくのは比較的やさしい。しかし、私見では、覚醒中と同等といえるほど明晰な意識を夢自我がもつことは実際には非常に難しいし、たとえもつことができたとしても、補償されるべき意識の偏りが覚醒中と同じくらい強固になってしまうという難点がある。

明晰夢の特長の一つとして、自我が取り組むべき課題や目標を設定するのが容易なことがあげられる。夢のなかで明らかにしたいことがあるなら、最善と思われる方法で積極的に効率よく探求できる。妨害や試練に備えて、あらかじめ情報を収集し装備を調達しておくことさえ可能だろう。けれども、その裏をかいてくるのが夢である。あれこれ画策しても、結局、通常の夢見とたいしてちがわない結末になったと感じられることは少なくない。

ユング派の立場からいえば、夢自我は明晰でないところがよいのである。明晰でないからこそ、偏りを補償しようとする夢のなかでのできごとから器用に逃げきれず、嫌々ながらも早々に向き合わざるをえなくなるのだ。そして、こと補償の受容に関しては、夢うつつ状態におけるほどほどに内省的な明晰さ、隣から低い垣根越しに覗き込むような明晰さがうってつけだと思う。夢うつつ法はユング派的明晰夢といってよい。

ところで、夢うつつ法においても、いわゆる明晰夢の場合と同様、課題や目標の設定がなされる。ゾシモスの場合は、神の水の成り立ちを突きとめようとしていた。夢は決定的なヒントをもたらした。ケクレやメンデレーエフが大発見をしたように、夢にその力が秘められていること自体はまちがいない。しかし、たとえそうであるとしても、意図的に夢のテーマを誘導しうるのか、というのがおおかたの疑問だろう。

たしかに、夢が簡単に知りたいことを教えてくれるなら苦労はない。やはり、尋常ならざる集中力、桁外れの苦労、もしくはよほどの幸運がなければ、それほどのヒントは得られないのではないか。常識的にはそのとおりである。参籠による夢待ちも例外ではない。厳しい潔斎や禁欲、苦しい試練、厳しい稽古に長く耐えることのできた者だけが神仏に相見えたのだった。

けれども、こうした参籠して得られる夢には、看過できない一つの顕著な特徴があった。初瀬の山でもエピダウロスでも、夢にはたいてい神か仏自身、もしくはその化身がじかに登場している。むしろ、そのことが、夢の真正さの証拠となった。あまつさえ、神や仏からの指示や予言も字義通りのものだった。象徴性というよりは、直接性が霊夢の中核をなしていたわけである。

ケクレやメンデレーエフの場合もしかり。ケクレは球体や蛇のイメージを炭素原子およびその結合腕と考えてベンゼン環の構造に思い至ったわけだが、これは単純な置き換えにすぎず、象徴解釈とはちがう。メンデレーエフにいたっては、元素の周期律表を夢でそのまま見たのだった。こうした夢の理解は直接的、記号的で、イメージとそれが表す意味とのあいだに明瞭な一対一の対応がある。

夢うつつ法の場合はちがう。ゾシモスの夢は、犠牲を差し出す者が犠牲として差し出される者にほかならず、それが至聖所の司祭である、という不可解な状況からはじまっている。くわえて、神の水をはっきりと示唆するイメージは出てこない。にもかかわらず、ゾシモスは、その夢を正体不明のかの水の構成を教えるものだと直観し、しかもいくつかの段階をふんで確信を強めていく。

この場合のように、未知のXを既知のイメージで表したものが象徴である（Jung, Franz, Henderson, Jacobi, Jaffé, 1964）。ゾシモスの夢の解釈は象徴をめぐって進められている。この点が、参籠の夢や科学的大発見の夢とは異なる。夢うつつ法では、夢を象徴として扱う。そこがほかの夢見技法とは根本的にちがう。神や仏に直接お出ましいただく必要がない。夢の象徴の重層的な意味のなかに、夢見手が今まさに関心を寄せているテーマに関係するものがないか、自力で探すことができるのである。

テーマを設定して眠りに就く。その夜に見た夢がテーマと関係があるか、あるとすればどの程度か。これは案外よくわかるものである。とくにテーマを設定せずに見る通常の夢とは、そのあたりの特性や質が異なることがはっきりと感じられる。それまであまり夢で経験したことのないモチーフや舞台設定になっていたり、イメージの雰囲気、空気感、距離感がちがっていたりする。本書で提示したUさんの夢うつつ法での夢の数々も、それまで見ていた夢とは似ても似つかぬものだった。

設定したテーマや課題に従って、夢を恣意的に解釈してしまう危険は、もちろんつねについて回る。しかし、理解が的はずれなものだった場合、次の夢は展開の読みにくいものになるし、誤った理解を補償しようとする内容になることが多いので、たいていはそれとわかる。それゆえ、夢うつつ法の場合、夢を単発で終わらせず、一定の期間のシリーズとして見ていくほうがよい。誤りに気づいたら、すぐに理解を修正することが必要である。するとスムーズに次につながる。

私は臨床経験を通して、夢うつつ法がものごとの本質を探るのにとりわけ有効な技法であることを知った。それゆえ、夢による癒し・救い・闡明の背景や本質を追究することにも向いている。ただし、注意すべきことがある。夢うつつ法で明らかになる個性化の様相は、夢の展望機能に支えられて先取り、予感されたものである。すでに成就され、実現されたのとは少しばかりちがう。くれぐれも、その点を勘ちがいしないようにしないと、危ういインフレーション（自我肥大、自我膨張）に陥るだけである。

何をどう問うか

ここで考えなければならないのが、夢うつつ法で何を問うかである。ゾシモスは、錬金術における黄金の練成の鍵となる秘密物質、すなわち「神の水」の構成を問うた。そして、それが闡明を呼び、ゾシモスの個性化を促進した。ならば、Uさんの場合、ゾシモスにとっての「神の水」と同じくらい本質的な探求と希求の対象になるものは何だろうか。あまりに抽象的な対象を選ぶと、夢を解釈するのが難しくなるので、ある程度、具体的にイメージできるものがよい。適当な対象は夢見手ひとりひとりで異なっている。

Uさんと相談した結果、夢に問う内容が決まった。Uさんは多彩な趣味の持ち主だが、そのなかの一つに武術がある。その武術の一連の形《かた》のイメージを利用することにした。これは使い勝手がよい。旧著でも述べたように、武術の形は、長い年月、無数の人々によって稽古され伝えられているうちに、元型的な性質を濃厚に帯びてくる（老松、二〇一六a、二〇一七、二〇一九）。いわんや、流祖が霊夢によって奥義を会得して創始した武術なら、なおさらのことではないか。

武術には乱取りを中心とするものもあるが、それだとどうしても我流に陥りやすい。また、ともすれば、いたずらに勝敗にこだわりがちになる。夢うつつ法に武術のイメージを利用するのであれば、いわゆる形武術のそれのほうが適しているだろう。形には、名人と達人の勝負の再現のようなところがあって、長い伝統のなかで磨き抜かれた不易のエッセンスが詰め込まれている。

わが国にはさまざまな武術があり、それぞれにまたさまざまな形があるわけだが、おおむね五本程度から十数本までがワンセットになっていることが多い。そして、たいていは、そのようなセットがいくつか集まって、流儀の体系を成している。一つの武術における一連の形は、ただの身体運用のモデルにとどまらない。一定の世界観や人間観と綯《な》い交《ま》ぜになっており、さらには死生観や宗教観までもが凝縮されている。

各種の武術のなかには、稽古の目的として人格の陶冶や人間の形成を謳っているものが少なからずある。たとえ謳わずとも、精神性も重んずることはだいたい共通しているといってよい。修行者の練度が上がるのに合わせて、定められた順番で、より難度の高い形を稽古していくシステムになっていることからもわかるように、一連の形は人間の心身の成長に重ね合わせて構成されている。換言するなら、武術の一連の形は、個性化の道程のガイド役としてその進展に寄与しうる（老松、二〇一七）。

夢うつつ法を用いる場合、ゾシモスの錬金術における「神の水」に相当するような夢の方向性のガイド役を、その夢見手に合わせて誂えたい。Uさんには、上述のような理由から、武術における形のエッセンスがぴったりと思われた。形なら、適度な具体性もあり、イメージしやすい。Uさんは当該の武術に関しては十数年の稽古歴があって、中堅クラスに位置し、中核をなす一二本の形すべてに習熟している。

Uさんに実行してもらうのは、次のようなことになる。就寝直前に自身の稽古している武術の形の一つをイメージし、そのエッセンスを自身に問う。そして、Uさんなりの仮説的な答えのイメージも思い浮かべながら、そのまま眠る。翌朝には、目覚めの夢うつつ状態で、前夜に見た夢の意味やメッセージに思いをめぐらせる。すなわち、自分の発した問いとそれに対する仮説的な答えをふまえ、夢が補償したがっている意識（仮説）の偏りや盲点がどこにあるかを探るのである。

今回の試みでは、一二本の形の一本目から順に、そのエッセンスを問うて二つずつ夢を記録してもらった。夢一つだと意味を確定しにくいが、二つになると理解のしやすさが格段に上がる。つまり、まず一本目の形をめぐって二つの夢を記録する。ついで、二本目の形についても二つの夢を見てもらう。さらに、三本目の形、四本目の形へと進んで、最後に一二本目の形をめぐる夢が二つで、夢うつつ法の完了となる。そういうわけで、つごう二四個の夢が報告された。

ここでは、武術の種類が何であるかは問題にしない。また、一二本の形がそれぞれどのようなものであるかについてもふれないこととする。個々の形の説明をしても、字面だけではわかりにくいだろうし、それ以前に、武術とは、構えとは、気合いとは、歩法とは、体捌きとは、といった基本の解説も必要になる。武術に関心の薄い読者は辟易するにちがいないし、本書の目的から逸脱する部分も多くなってしまう。

武術の種類や形の種類を知らずとも、夢の解釈はできる。夢うつつ法による夢は深く元型的なので、各形の具体的な動作に関する意識の盲点を教えるよりも、むしろ個性化の観点から見たその形の修錬の意義や至りうる境地を示そうとするにちがいないからである。私たちが求めているのは、夢のプロセスにおける癒し・救い・闡明の秘密であって、個々の武術の一連の形はそのような高嶺の頂きへと分け登る多くの道の一つにすぎない。

Uさんは（ゾシモスの言に倣って）「〇本目の形の構成やいかに」と自問し、自身の仮説を考えながら眠って夢を見た。そして、自身の仮説の盲点に気づいたり何か洞察があったりしたら、その不充分だった仮説を修正し、新たな仮説を立てて次の夢を待った。Uさんはこの作業を数カ月のあいだ辛抱強く続けてくれた。本書では、論の展開の都合上、また紙幅の関係もあって、Uさんの仮説や洞察を記すことはできなかったが、夢を提示したあとの考察のなかに反映させてある。

おわりに──約束の実現のためのさらなる一歩

夢うつつ法の不思議

ここまで、夢うつつ法を利用して、夢がもたらす癒し・救い・闡明の秘密を探求してきた。一定の成果は得られたと思う。しかしながら、そのために用いられた夢うつつ法については、なお釈然としないものを感じるという向きもあるかもしれない。実際、夢うつつ法の有効性の理由を説明するのは相当に難しい。だから、結果でもって満足してもらうしかないのだが、もう少し考えてはおきたい。

そもそも、問いを設定して半覚醒状態で理解しようとするだけで、無意識は都合よく、その線に沿って応答してくれるものだろうか。答えはノー。一般に、無意識は、意識からの問いに簡単に応じてはくれない。夢うつつ法でそれが可能な理由を知るには、無意識の性質を思い出す必要がある。無意識は、夢見手の個性化、全体性の実現に強い関心をもっている。さらに、無意識には、みずからを克服しよう、超え出よう、という強い志向性がある。

もしも夢うつつ法において問うテーマがこうした無意識の特性に適うなら、無意識が全力で答えようとしてもおかしくはない。逆にいえば、Uさんが見たような元型的な夢が出てくること自体、一連の武術の形の本質を問うという今回のテーマ設定が、夢見手の個性化に効果的に寄与するとともに、集合的無意識の意識化を可能ならしめる絶好の機会をも提供しえたことを示している。そして、おそらく、夢見手がこの方法にコミットした姿勢も重要だったと思う。

無意識は、真剣にコミットする姿勢と柔軟な理解力をもつ自我の苦境に応えようとするものである。もっとも、苦しんでいて真剣ならかならず夢が答えてくれるというものでもない。第二章で紹介した「観音様が一人の男と二人の女に御霊験を施すために薄衣《うすぎぬ》を持ち去らせた話」には、参籠による夢待ちの大きな妨げとなるものとして前世の宿業があげられていた。そのためになかなか神仏に会えず、夢のお告げも得られないのだった。宿業をなんとかしておく必要があるらしい。これはいったい何を指しているのだろうか。

深層心理学的に見れば、「宿業」とは、意識や自我の母体《マトリックス》たる無意識のなかにわだかまっているコンプレックスである。根深く厄介きわまりないコンプレックスをある程度解消しておかないと、夢はなかなか答えをくれない。さいわい、Uさんは以前から分析に取り組んでいて、そこでは、当然ながら、コンプレックスを解消する取り組みが少なからずなされていた。

けれども、考えてみれば、そのような厄介なコンプレックスを抱えているからこそ、身のまわりにあれこれの問題が発生したり、症状が現れたりするのである。少しばかり乱暴な言い方をするなら、前世の宿業のないアナリザンドやクライエントなどいるはずがない。Uさんの場合も例外ではない。親の代、そしてそのまた親の代から背負わされた荷のようなものがあった。むしろ、そうであればこそ、真剣に夢に取り組もうとするのである。

そのような人に癒し・救い・闡明がもたらされないなら、何のための夢なのかと思わざるをえない。ところが、おもしろい。観音は、前世の宿業が残っているがために自分の力をもってしても救えないといっておきながら、実際には、みごとなトリックを用いて夢見手に救いをもたらしている。前世の宿業をもつ者を含む三人の生を一つに縒《よ》り合わせて、より大きな物語のなかにいっしょに組み込む、というトリックである。

さらに、トリックはもう一つ。その大きな物語のなかで善と悪を相対化ないしは逆転させる、というものである。それには重要な伏線があった。主人公の女は、夜中に夢を見て目覚め、隣の参籠者がまだ眠っているあいだに、観音の言葉にあきれながらも示唆された行為（他人の薄衣を盗むこと）を実行したのだ。少し強引かもしれないが、これは、象徴的には、夢うつつ状態にある自我ならではの活動とも見なせるように思う。

そこからいえることがある。個人的なコンプレックスは、それのみの解消を願ってみてもなかなかうまくはいかないが、より大きな物語の文脈のなかで捉え直してみると、最終的に全体の調和を実現するのに不可欠な必要悪であることがわかるのだ。そして、そのために、ときとして夢うつつ状態が役に立つ。Uさんも、個人的なコンプレックスにまつわる苦悩をきっかけに、夢うつつ法で内なる作業に取り組み、宇宙的次元にまでおよぶみずからの個性化のプロセスを見通した。そこでの体験にはいまだ予感的な部分が多いとはいえ、すでに当初の問題はおおむね解決している。

夢うつつ法は、夢見手が初期夢と同様の先取り的経験をすることを加速度的に可能ならしめる。条件が整っていれば、宇宙望遠鏡で宇宙の中心を覗いたり背景波を観測したりするかのごとくに、ふつうでは見えない心身の深みの様相が手に取るようにわかる。夢うつつ法で用いられる半覚醒状態の意識は、覚醒状態の意識では届かない、はるかに長い射程を有しているうえに、睡眠状態の自我には真似のできない理解や判断に従って情報を処理しうる。それが個性化の道のさらなる扉を開いてくれる。

折衝と儀式化

数多の流祖や宗祖が夢をきっかけに自身の体系を築いた。しかし、宗祖の場合はともかくとして、武術の流祖が見た夢の内容は断片的にしか伝わっていない場合が多い。第一章で紹介した神道夢想流の夢想権之助の得た夢告も、ごくごく短いものだった。そこから工夫されたとされる（現伝の）形を見ても、いかにしてそういう動作や運びになったのか、ほとんど見当がつかない。

流祖たちの日頃の修錬と切磋琢磨の成果であろうことは想像に難くないが、ひょっとすると、彼らも夢うつつ法に似た手段で自流の形を編み出したのかもしれない。なにしろ、長期の参籠や修行のすえに見た夢、しかも神霊が顕現した夢である。ならば、はっきり目覚める前後にいちはやく理解の試みがなされたとしてもおかしくない。錬金術師ゾシモスが「神の水」に関する夢を見たときの行動が何よりの好例である。

その場合、ユング派で折衝と呼ぶ作業が重要になってくる。第三章でも説明したように、折衝とは、無意識からの要求と意識（自我）からの主張とを摺り合わせて、両者がともに納得し和解できる落としどころを見出す試みである。とくにアクティヴ・イマジネーションというユング派の技法で重視される作業だが、夢うつつ法を含む夢分析でも同様にたいせつにされている。ただ、両方の主張を摺り合わせるには対話が必要になる。半覚醒状態で理解した無意識からのメッセージにどうやって応じ、いかにして返事を返せばよいだろうか。

夢うつつ法の場合、終始一貫したテーマで問いを発し続けることが多いので、無意識に対して返事を返す一つの方法は、そのつど答えに関する自身の仮説を修正してそれをイメージしながら次の夢を見ることである。そうすれば、修正案に対する無意識からの新しい応答がすぐに受け取れることにもなる。この仮説の修正と次の夢というサイクルを続けていると、無意識の主張と意識の主張の方向性は徐々に一致に近づいていく。

さらに、もう一つ方法がある。それは儀式化と呼ばれている。意識からのメッセージを無意識に効率よく届ける工夫である。儀式とは、意識的に行なう象徴的な行為を指す。古来、意識と無意識とを最も効果的につなぐ手段として重用されてきた。しかも、儀式は、元型の強烈なエネルギーを和らげ、私たちが安全に接触するのを助けてもくれる。だからこそ、祭には儀式がつきものなのだ。儀式化を行なうと、意識からの返信が確実に無意識に届くので、折衝は濃密になる。

儀式化においては、無意識に対して送り届けたい返信の内容を、現実のなかで儀式として行動に移す。つまり、自我が、夢の理解にもとづいて自分がなすべきだと洞察したことを象徴的なかたちで意識的に実行するのである。ただし、儀式化には、厳守しなければならないルールがある。とくにだいじなのは、思案するだけにとどまらず身体ないしは物を介在させて行なうこと、静穏に行なうこと、他人を巻き込まずひとりで行なうこと、安全に行なうこと、時間をかけて行なうこと、などである（Johnson, 1986）。

わかりやすい例を示そう。たとえば、今までのように親に頼りすぎず、もっと自立することが必要だ、という夢のメッセージを受け取ったとしよう。その内容に納得がいったなら、たとえばこういう儀式化を行なえばよい。親に対して、「長いあいだ、お世話になりました。もうこの家を離れて、ひとりで暮らしていきます」という手紙をしたため、封をして投函する。ただし、封筒に書く宛先は自分の名前にしておく。

このようにするなら、上にあげた儀式化において守るべき条件をすべて満たしているはずである。まず、手紙という物を介在させ、身体を使って書き、封をし、投函しに行っている。そして、自筆でゆっくりと、ていねいに気持ちを込めている。さらに、宛先を自分自身にすることで、他人を巻き込まないようにしている。危険をともなっていないことはいうまでもない。こうした意識的な象徴的行為を実際にするならば、メッセージは無意識まで容易に届く。その晩か次の晩あたり、ただちに無意識からの反応が返ってくるだろう。

夢の密度

卓越した流祖や宗祖にあっては、簡潔な暗示のごとき夢だけでピンときて、すべての謎がたちまち氷解することもあったかもしれない。その場合には、一気に奥義に達して、新しい流儀や宗派の誕生を見たことだろう。しかし、かりにも神託とされる夢を矮小な人間(といっては達人や名人に失礼だが)が受けるのだ。その内容を具体化し体系化するまでの道程には、やはり並々ならぬ苦労があったのではなかろうか。

その点、霊夢にもとづく流儀が極意の一本にこだわりながらも周辺に壮大な形の体系を構築していたり、夢告による宗派が最内奥のただ一点を見据えながらも複雑きわまりない儀式や膨大な文献を整備したりした、という事実は非常に示唆的に思われる。そこには、流祖や宗祖、あるいはその後継者たちが、夢告の内容を現実のものとするべく重ねた試行錯誤の軌跡が透けて見えるからである。

流祖や宗祖の試行錯誤は、どのようにしてなされたのだろうか。夢うつつ法や儀式化をともなう折衝の作業になにがしか似ていたかもしれない。もしもそうだったとすれば、夢見手は何度も何度も霊夢に立ち返ったにちがいない。そして、語られることのなかった細部を探るために、夢を得たときの心身の状態を再現してみたり、神仏に気づきや理解を伝えてさらなる教えを請うてみたりしたことだろう。

新たな宗派が儀軌(儀式の規則)を整えていくのは、文字通り、儀式化の一形態であるに相違ない。一方、武術にあっても、得物(武器)の新たな遣い方を試し、体捌きや運足に創意を加えて形というものに編んでいくことは、おおむね儀式化の条件を満たしている。すなわち、形の工夫や実践は、現実の敵という他者を巻き込むことなく、ひとりで(あるいは稽古相手と)、安全にも配慮しつつ、得物や身体を介在させて、じっくりと練っていく、意識的な象徴的行為である。まさに儀式化の手続きにほかならない。

武術が身体のみならず心も重視することは当然である。くわえて、宗教もまた、すぐれて身体的な側面をもっている。宗教的な行は、断食や座禅や托鉢なども含めて、身体との密接なつながりのうえに構築されているからである。流祖や宗祖にやってきた霊夢の源泉は、集合的無意識のなかでも最も深い層、すなわち心的とも身体的とも区別のつかない類心的無意識と呼ばれる領域だったにちがいない。

のちに流祖や宗祖となるほどの身体能力とセンスに恵まれた者なら、自身の最先端の心身の運用が、深層の元型的な心身の動きとどう調和していて、どう一致していないか、鋭敏に察知できたはずである。なにがしかの違和感やフィット感などにもとづいて、またときには再度の霊夢にもとづいて、試行用の形に微妙な修正を加え続けることにより、創始された体系は洗練され、もともとの霊示の核心に少しずつ近づいていったのだろう。

このように考えてくると、流派や宗派の完成された体系は、対立のさなかにある心身についての折衝を現実の次元に移して儀式化を重ねた精華なのであり、折衝の極みと呼ぶにふさわしい。現代にあって、夢うつつ法をはじめとする夢分析やアクティヴ・イマジネーションに取り組む人たちが、癒し・救い・闡明への鍵を与えられたなら、やはり同様に、折衝と儀式化の試みを通して約束を実現させなければならない。

流祖や宗祖が長い参籠や厳しい修行のすえに見た霊夢は、じっくり時間をかけて展開されたのちに一つの堅固な体系をなす、豊かな創造的内容を含んでいた。一方、深層心理学的観点から見れば、Uさんが夢うつつ法で見た一連の夢も、往昔の流祖や宗祖の得た霊夢に勝るとも劣らない、高い濃度と密度をともなっている。流祖や宗祖に霊夢を見させた、おおいなる力は、今もなお、生の方向を指し示すべく、私たちの心身の底で顕現の機会が到来するのを待っている。

夢のもつ力にはいつも驚かされる。かつて霊夢で開眼し奥義を感得した流祖や宗祖も同様だったろう。霊夢によって流派や宗派を開いたという伝承を後世の付会とする説があることはすでに述べたが、たとえそうだとしても、あまり重みは感じない。武術や宗教の深奥と生の深奥とが夢という特別な心の器官によって緊密に結びついていることがはっきりしているからである。

その結びつきを直観してそうした伝承へと仕立てた後世の人たちがもしもいたのだとすれば、私はむしろ、その深い知恵に感動を覚える。現代の心の、あるいは心身の探求者も、夢のメッセージを日々の生に活かせるよう、往古の夢待ち術を参照したり、ユング派の夢分析に関心を向けたりしてみてはどうだろう。目を向けたことのなかった道が見えてくるかもしれない。

文献

Biggs, N. L., Lloyd, E. K., Wilson, R. J., 1976, *Graph theory 1736–1936*, Oxford University Press.（一松信・秋山仁・恵羅博訳、一九八六、『グラフ理論への道（現代の数理科学シリーズ６）』、地人書館）

Blacker, C., 1981, Chapter3 Japan, Loewe, M., Blacker, C. (ed.), *Divination and oracles*, George Allen & Unwin Ltd..（島田裕巳他訳、一九八四、『占いと神託』、海鳴社）

Csikszentmihalyi, M., 1990, *Flow: The psychology of optimal experience*, Harper and Row.（今村浩明訳、一九九六、『フロー体験――喜びの現象学』、世界思想社）

Csikszentmihalyi, M., 1997, *Finding flow: The psychology of engagement with everyday life*, Basic Books.（大森弘訳、二〇一〇、『フロー体験入門――楽しみと創造の心理学』、世界思想社）

出口王仁三郎、一九六七、『霊界物語』（電子ブック版、一九九八）、八幡書店

Franz, M.-L. von, 1979, *Alchemial active imagination*, Spring Publications,（垂谷茂弘訳、二〇〇〇、『ユング思想と錬金術――錬金術における能動的想像』、人文書院）

Freud, S., 1900, Die Traumdeutung, Freud, A., Bibring, E., Hoffer, W., Kris, E., Isakower, O., hrsg., *Gesammelte Werke II/III*, Imago publishing, 1942, Achte Auflage, S. Fischer Verlag, 1998.（新宮一成訳、二〇〇七／二〇一一、「夢解釈Ⅰ／Ⅱ」、『フロイト全集４／５』、岩波書店）

Hannah, B., 1981, *Encounters with the soul: Active imagination as developed by C. G. Jung*, Sigo Press.（老松克博・角野善宏訳、二〇〇〇、『アクティヴ・イマジネーションの世界――たましいとの出逢い』、創元社）

Johnson, R., 1986, *Inner work: Using dreams and active imagination for personal growth*, Harper & Row.

Jung, C. G., 1906, Psychoanalyse und Assoziationsexperiment, *Die Gesammelte Werke von C. G. Jung*（*GW*）, Bd. 2, Waler-Verlag, 1979.（高尾浩幸訳、一九九三、「精神分析と連想検査」、『診断学的連想研究』、人文書院）

Jung, C. G., 1912/1952, *Symbole der Wandlung: Analyse des Vorspiels zu einer Schizophrenie*, *GW*5, Walter-Verlag,

1973.（野村美紀子訳、一九八五、『変容の象徴――精神分裂病の前駆症状』、筑摩書房．）

Jung, C. G., 1929, Kommentar zu *Das Geheimniss der Goldenen Blüte*, *GW*13, Walter-Verlag, 1978.（湯浅泰雄・定方昭夫訳、一九八〇、「ヨーロッパの読者への注解」、『黄金の華の秘密』、人文書院．）

Jung, C. G., 1940, Psychologie und Religion, *GW*11, Walter-Verlag, 1963.（村本詔司訳、一九八九、「心理学と宗教」、『心理学と宗教』、人文書院．）

Jung, C. G., 1942, *Paracelsica: Zwei Vorlesungen über den Arzt und Philosophen Theophrastus*, *GW*13/15, Walter-Verlag, 1978/1971.（榎木真吉訳、一九九二、『パラケルスス論』、みすず書房．）

Jung, C. G., 1944, *Psychologie und Alchemie*, *GW*12, Walter Verlag, 1972.（池田紘一・鎌田道生訳、一九七六、『心理学と錬金術Ⅰ／Ⅱ』、人文書院．）

Jung, C.G., 1946, Die Psychologie der Übertragung, *GW*16, Walter Verlag, 1958.（林道義・磯上恵子訳、一九九四、『転移の心理学』、みすず書房．）

Jung, C. G., 1948, Der Geist Mercurius, *GW*13, Walter-Verlag, 1978.

Jung, C. G., 1950, Zur Empirie des Individuationsprozesses, *GW*9-I, Walter-Verlag, 1976.（林道義訳、一九九一、「個性化過程の経験について」、『個性化とマンダラ』、みすず書房．）

Jung, C. G., 1952, Synchronizität als ein Prinzip akausaler Zusammenhänge, *GW*8, Walter-Verlag, 1967.（ユング・パウリ著、河合隼雄・村上陽一郎訳、一九七六、『自然現象と心の構造――非因果的連関の原理』、海鳴社．）

Jung, C. G., 1954a, Theoretische Überlegungen zum Wesen des Psychischen, *GW*8, Walter Verlag, 1967.

Jung, C. G., 1954b, Zur Psychologie der Tricksterfigur, *GW*9-I, Walter-Verlag, 1976.（河合隼雄訳、一九七四、「トリックスター像の心理」、P・ラディン他著、皆河宗一他訳、『トリックスター』、晶文社．）

Jung, C. G., 1954c, Die Visionen des Zosimos, *GW*13, Walter-Verlag, 1978.（老松克博訳、二〇一八、『ゾシモスのヴィジョン――古代ギリシアの錬金術師による夢見の指南書』、竜王文庫．）

Jung, C. G., 1954d, Der philosophische Baum, *GW*13, Walter-Verlag, 1978.（老松克博監訳、工藤昌孝訳、二〇〇九、『哲学の木』、創元社．）

Jung, C. G., 1955/1956, *Mysterium coniunctionis*, GW14, Walter-Verlag, 1968.（池田紘一訳、一九九五／二〇〇〇、『結合の神秘Ⅰ／Ⅱ』、人文書院.）

Jung, C. G., Franz, M.-L. von, Henderson, J. L., Jacobi, J., Jaffé, A., 1964, *Man and his symbols*, Aldus Books.（河合隼雄監訳、一九七五、『人間と象徴――無意識の世界　上／下』、河出書房新社.）

Jung, C. G., 1971/1987, Jaffé, A., hrsg, *Erinnerungen, Träume, Gedanken*, Walter-Verlag.（河合隼雄・藤縄昭・出井淑子訳、一九七二／一九七三、『ユング自伝1／2』、みすず書房.）

Jung, C. G., 1996, Shamdasani, S., ed., *The psychology of Kundalini yoga: Notes of the seminar given in 1932 by C. G. Jung*, Routledge.（老松克博訳、二〇〇四、『クンダリニー・ヨーガの心理学』、創元社.）

Jung, C. G., 1997, Douglas, C., ed., *Visions: Notes of the seminar given in 1930–1934 by C. G. Jung*, Princeton University Press.（氏原寛・老松克博監訳、角野善宏・川戸圓・宮野素子・山下雅也訳、二〇〇九、『ヴィジョン・セミナー』、創元社.）

Jung, C. G., 2010, Shamdasani, S., hrsg. u. eingel., *Das rote Buch: Liber Novus*, Patmos.（河合俊雄監訳、田中康裕・高月玲子・猪俣剛訳、二〇一〇、『赤の書』、創元社.）

LaBerge, S., 1985, *Lucid dreaming*, Balantine Books.（大林正博訳、一九八八、『明晰夢――夢見の技法』、春秋社.）

Lévy-Bruhl, L., 1912, *Les fonctions mentales dans les sociétés inférieures*, Paris.

Mcphee, C., 1995, *Stop sleeping through your dreams*, Henry Holt & Company.（石垣達也訳、二〇〇一、『みたい夢をみる――明晰夢の技術』、講談社.）

Meier, C. A., 1948, *Der Traum als Medizin: Antike Inkubation und moderne Psychotherapie*, Daimon.（秋山さと子訳、一九八六、『夢の治癒力――古代ギリシャの医学と現代の精神分析』、筑摩書房.）

織田尚生、一九八六、『ユング心理学の実際』、誠信書房.

老松克博、一九九七、『漂泊する自我――日本的意識のフィールド・ワーク』、新曜社.

老松克博、一九九九、『スサノオ神話でよむ日本人――臨床神話学のこころみ』、講談社選書メチエ.

老松克博、二〇〇〇、『アクティヴ・イマジネーション――ユング派最強の技法の誕生と展開』、誠信書房.

老松克博、二〇〇一、『サトル・ボディのユング心理学』、トランスビュー.
老松克博、二〇〇四a、『無意識と出会う（アクティヴ・イマジネーションの理論と実践①）』、トランスビュー.
老松克博、二〇〇四b、『成長する心（アクティヴ・イマジネーションの理論と実践②）』、トランスビュー.
老松克博、二〇〇四c、『元型的イメージとの対話（アクティヴ・イマジネーションの理論と実践③）』、トランスビュー.
老松克博、二〇一一、『ユング的悩み解消術――実践！ モバイル・イマジネーション』、平凡社.
老松克博、二〇一四、『人格系と発達系――〈対話〉の深層心理学』、講談社選書メチエ.
老松克博、二〇一六a、『身体系個性化の深層心理学――あるアスリートのプロセスと対座する』、遠見書房.
老松克博、二〇一六b、『共時性の深層――ユング心理学が開く霊性への扉』、コスモス・ライブラリー.
老松克博、二〇一七、『武術家、身・心・霊を行ず――ユング心理学から見た極限体験・殺傷のなかの救済』、遠見書房.
老松克博、二〇一八、「ゾシモスから夢見の術を盗み取る――「夢うつつ法」が開く世界」、ユング著、老松克博訳、『ゾシモスのヴィジョン――古代ギリシアの錬金術師による夢見の指南書』、一一六－一三六、竜王文庫.
老松克博、二〇一九、『心と身体のあいだ――ユング派の類心的イマジネーションが開く視界』、大阪大学出版会.
大橋俊雄、一九八五、「解説」、『一遍上人語録』、岩波文庫.
折口信夫、一九三〇／一九三一、「古代研究」、『折口信夫全集 第1～3巻』、一九七五、中公文庫.
Otto, R., 1917, *Das Heilige: Über das Irrationale in der Idee des Göttlichen und sein Verhaltnis zum Rationalen*, Trewendt & Granier.（久松英二訳、二〇一〇、『聖なるもの』、岩波文庫.）
Qualls-Corbett, N., 1988, *The sacred prostitute: Eternal aspect of the feminine*, Inner City Books.（菅野信夫・高石恭子訳、一九九八、『聖娼――永遠なる女性の姿』、日本評論社.）
Rosen, D., 1996, *The Tao of Jung: The way of integrity*, Penguin.（老松克博監訳、串崎真志・上西幸代訳、二〇〇二、『ユングの生涯とタオ』、創元社.）
西郷信綱、一九七二、『古代人と夢』、平凡社選書.
Strathern, P., 2001, *Mendeleyev's dream: The Quest for the Elements*, Thomas Dunne Books.
鶴見俊輔、二〇〇〇、『太夫才蔵伝――漫才をつらぬくもの』、平凡社ライブラリー.

上田閑照・柳田聖山、一九八二、『十牛図――自己の現象学』、筑摩書房．

脇田晴子、二〇一四、『女性芸能の源流――傀儡子・曲舞・白拍子』、角川ソフィア文庫．

綿谷雪、二〇一一、『完本 日本武芸小伝』、国書刊行会．

綿谷雪、二〇一四、『考証 日本武芸達人伝』、国書刊行会．

Wilber, K., 1980, *The atman project: A transpersonal view of human development*, Quest Books.（吉福伸逸・プラブッダ・菅靖彦訳、一九八六、『アートマン・プロジェクト――精神発達のトランスパーソナル理論』、春秋社）

横田隆志訳、二〇一〇、『現代語訳 長谷寺験記』、総本山長谷寺．

米野光太郎監修、松井健二編著、二〇一一、『改訂 杖道入門』、体育とスポーツ出版社．

遊行寺宝物館監修、五味文彦編、二〇一九、『国宝 一遍聖絵の全貌』、高志書院．

図版出典

図1　*C. G. Jung: Bild und Wort*, Jaffé, A. (hrsg.), Walter-Verlag, 1977.（『ユング　そのイメージとことば』、氏原寛訳、誠信書房、一九九五.）
図2　*C. G. Jung: Bild und Wort*, Jaffé, A. (hrsg.), Walter-Verlag, 1977.（『ユング　そのイメージとことば』、氏原寛訳、誠信書房、一九九五.）
図3　霊巌禅寺発行の絵葉書
図4　熊野本宮大社発行の絵葉書
図5　『国宝　一遍聖絵の全貌』、遊行寺宝物館監修、五味文彦編、高志書院、二〇一九.
図6　*Alchemy: The secret art*, Klossowski de Rola, S., Thames and Hudson, 1973.（『錬金術——精神変容の秘術』、種村季弘訳、平凡社、一九七八.）
図7　『遊行と漂泊』、井上光貞・上山春平監修、山折哲雄編、春秋社、一九八六.
図8　*Der Traum als Medizin: Antike Inkubation und moderne Psychotherapie*, Meier, C. A., Daimon, 1948.（『夢の治癒力——古代ギリシャの医学と現代の精神分析』、秋山さと子訳、筑摩書房、一九八六.）
図9　『長谷寺の名宝と十一面観音の信仰』、あべのハルカス美術館・日本経済新聞社、二〇一六.
図10　『週刊　古寺を巡る6　清水寺』、小学館、二〇〇七.
図11　*Das rote Buch: Liber Novus*, Jung, C. G., Shamdasani, S. (hrsg. u. eingel.), Patmos, 2010.（『赤の書』、河合俊雄監訳、田中康裕・高月玲子・猪俣剛訳、創元社、二〇一〇.）
図12　著者作成.
図13　『蒼海訪神　うみ』、大林太良・宮田登・萩原秀三郎編、旺文社、一九八五.
図14　『別冊太陽25　能』、平凡社、一九七八.
図15　同右

図16　著者撮影.
図17　『空海と真言密教』、読売新聞社、一九八二.
図18　著者撮影.
図19　同右
図20　『職人歌合――中世の職人群像』、岩崎佳枝、平凡社、一九八七.
図21　『女性芸能の源流――傀儡子・曲舞・白拍子』、脇田晴子、角川ソフィア文庫、二〇一四.
図22　『地獄と極楽浄土』、枻出版社、二〇一六.
図23　*Das rote Buch: Liber Novus*, Jung, C. G., Shamdasani, S. (hrsg. u. eingel.), Patmos, 2010.（『赤の書』、河合俊雄監訳、田中康裕・高月玲子・猪俣剛訳、創元社、二〇一〇.）
図24　『空海と真言密教』、読売新聞社、一九八二.
図25　同右
図26　『図説 民俗探訪事典』、大島暁雄・佐藤良博・松崎憲三・宮内正勝・宮田登、山川出版社、一九八三.
図27　『熊野、修験の道を往く――「大峯奥駈」完全踏破』、藤田庄市、淡交社、二〇〇五.
図28　『太陽 仏の美と心シリーズ1　観音礼讃』、平凡社、一九八三.
図29　『江戸の動植物図――知られざる真写の世界』、朝日新聞社編、朝日新聞社、一九八八.
図30　著者作成.
図31　『十牛図――自己の現象学』、上田閑照・柳田聖山、筑摩書房、一九八二.
図32　同右
図33　同右

あとがき

本書の出版は、思っていた以上の難産だった。草稿の段階では、新たな切り口による夢分析のエッセンス、個性化のその先の様相、武術の深層心理学的プロセス、夢うつつ法の紹介および事例研究……と、扱いたいテーマが山ほどあったからである。自由連想よろしく書きなぐり、書き散らしているうちに軸足がどんどんブレていって、ついに収拾がつかなくなってしまった。

はっとわれに返って気を取り直し、どこに焦点を絞ろうかと悩みに悩んだすえ、認知行動療法ベースの若い心理学徒の皆さんにも、数十年のキャリアをもつベテラン臨床家の方々にもなにがしか役に立つような、夢のポテンシャルを伝えるものにしようと決めた。そういうわけで、夢うつつ法には少し紙幅を割いたものの、個性化のその先の様相や武術の深層心理学的プロセスについては、ときどき見え隠れする、隠し味程度の扱いになっている。

いちおう決心はしたものの、ほんとうにそれでいいのか自信がもてない。そのようなとき、ひょんなご縁で、わが家に大黒さんが来てくれた。高さ二〇センチメートルにも満たない木彫彩色の小像だが、私の大好きな作家の手になるものである。じつは、それと対になる恵比寿さんが、かれこれ三〇年ほど前からうちの神棚に鎮座しておいでだった。奥出雲で出会ったものである。この恵比寿さん、ひとりで淋しく、ずっと相方を呼び続けていたものと見える。

大黒さんは三〇年越しの呼びかけに応えて、大きな袋を肩に担ぎ、打出の小槌を携えてのお出ましである。神さまにとってはどうということもない、一瞬のような年月だったのかもしれないが、このタイミングで、しかも今度は関西のとある地方からのご神幸。遠い昔の約束、未生以前からの約束とその想起というテーマを軸に据えて本書を書き進めたことは、どうやらまちがっていなかった……。この意味深い偶然の一致（ユング心理学的にいえば共時的現象）を通して、はじめてそう思うことができた。

数日して、本書の出版が本決まりになったという連絡をもらった。まったくもって、大黒さんの打出の小槌のおかげだと思う。もちろん、そこには、私個人のちっぽけな利益や業績のためではなく、世の中のたくさんの苦しんでいる人たちのために本書が役立つように、という計らいがあるにちがいない。この神慮に精いっぱい応えるべく、それから一気呵成に脱稿まで漕ぎ着けた。

感謝しなければならないのは大黒さん、恵比寿さんに対してばかりではない。たくさんの夢や生活史に関する情報をこころよく提供してくださったUさんに心からのお礼を申し上げる。それらなしでは、本書は成立しえなかった。また、誠信書房編集部の小寺美都子さんにも最大限の感謝の気持ちを伝えたい。深層心理学に対する逆風の強い昨今の状況のなか、この企画の実現に向けて力いっぱい後押ししていただいた。小寺さんとは、一〇年以上前に別の出版社で翻訳をご一緒させてもらって以来のご縁だが、あのときも、そして今回も、こんなに気持ちよく仕事ができることをとてもうれしく思っている。

令和二年弥生

恐るべき疫病神の意味に思いをめぐらせながら――おん・まかきゃらや・そわか　著者識

著者紹介

老松克博（おいまつ・かつひろ）

1984年，鳥取大学医学部卒業。

1992～1995年，チューリッヒ・ユング研究所留学。

現　在，大阪大学大学院人間科学研究科教授。ユング派分析家。精神科医，臨床心理士，公認心理師。博士（医学）。

著　書：『心と身体のあいだ』（大阪大学出版会），『武術家，身・心・霊を行ず』『身体系個性化の深層心理学』（遠見書房），『共時性の深層』（コスモス・ライブラリー），『人格系と発達系』『スサノオ神話でよむ日本人』（講談社），『ユング的悩み解消術』（平凡社），『無意識と出会う』『成長する心』『元型的イメージとの対話』（トランスビュー），ほか。

訳　書：ユング『ゾシモスのヴィジョン』（竜王文庫），『ヴィジョン・セミナー』『哲学の木』『クンダリニー・ヨーガの心理学』（創元社），ブラヴァツキー『ベールをとったイシス』（竜王文庫），ほか。

夢《ゆめ》の臨床的《りんしょうてき》ポテンシャル
――心理療法《しんりりょうほう》にイメージがもたらす癒《いや》しと救《すく》い

2020年7月30日　第1刷発行

著　者　老 松 克 博
発行者　柴 田 敏 樹
印刷者　西 澤 道 祐

発行所　株式会社　誠 信 書 房
〒112-0012　東京都文京区大塚3-20-6
電話　03（3946）5666
http://www.seishinshobo.co.jp/

印刷所／あづま堂印刷　製本所／協栄製本

ISBN978-4-414-41668-8 C3011　Printed in Japan

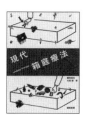

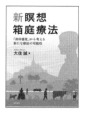

はじめての
プレイセラピー

効果的な支援のための基礎と技法

大野木嗣子 著

プレイセラピーに必要なのは理論に裏打ちされた確かな技法である。導入から集結までの技術を具体的に解説した、子どもの臨床家必読の書。

主要目次

序　章　プレイセラピーの魅力的な世界
第Ⅰ部　プレイセラピーの基本
第1章　遊びのもつ治癒的な力
第2章　発達、愛着、脳と遊び
第3章　プレイセラピーとは何か/他
第Ⅱ部　プレイセラピーの技法とすすめ方
第6章　子どもとのセラピーにおける基本
第7章　トラッキング:行動の言語化
　　　　——プレイセラピーの応答における
　　　　基本技法①/他
第Ⅲ部　プレイセラピー実践に必要なことがら
第15章　親への対応
第16章　プレイセラピー部屋・おもちゃ・構造
第17章　プレイセラピスト、逆転移、文化、セルフケアとスーパービジョン/他

A5判並製　定価(本体2800円+税)

プレイセラピー
実践の手引き

治療関係を形成する基礎的技法

M. ジョルダーノ / G. ランドレス / L. ジョーンズ 著
葛生 聡 訳

言葉ではうまく自分の気持ちや考えを表現できないクライエントを対象に、遊ぶことや様々な遊具を通して行うセラピーのコツを満載。

主要目次

1章　子ども中心プレイセラピー
2章　プレイセラピーの部屋と遊具
3章　プレイセラピー初回セッションへの準備
4章　プレイセラピー・セッションの構造化
5章　非言語的な行動の承認（トラッキング［後追い］）
6章　内容の伝え返し
7章　感情の伝え返し
8章　意思決定力と責任感を育む
9章　自尊心形成を促し自信を育む
10章　制限を設定する
11章　治療的な応答の理解、遊びの中での行動、治癒の促進、および終結 / 他

B5判並製　定価（本体2800円+税）